[MIRROR]

003

为了人与书的相遇

总 序

“如果没有翻译”，批评家乔治·斯坦纳（George Steiner）曾写道，“我们无异于住在彼此沉默、言语不通的省份。”而作家安东尼·伯吉斯（Anthony Burgess）回应说，“翻译不仅仅是言词之事，它让整个文化变得可以理解。”

这两句话或许比任何复杂的阐述都更清晰地定义了这套译丛的初衷。

自从严复与林琴南缔造中国近代翻译传统以来，译介就被两种趋势支配。

它是开放的，中国必须向外部学习，它又有某种封闭性，被一种强烈的功利主义所影响。严复期望赫伯特·斯宾塞、孟德斯鸠的思想能帮助中国获得富强之道，林琴南则希望茶花女的故事能改变国人的情感世界。他人的思想与故事，必须以我们期待的视角来呈现。

在很大程度上，这套译丛仍延续着这个传统。此刻的中国与一个世纪前不同，但她仍面临诸多崭新的挑战，我们迫切需要他人的经验来帮助我们应对难题，保持思想的开放性是面对复杂与高速变化的时代的唯一方案。但更重要的是，我们希望保持一种非功利的兴趣：对世界的丰富性、复杂性本身充满兴趣，真诚地渴望理解他人的经验。

理想国译丛主编

梁文道　刘瑜　熊培云　许知远

本译丛获理想国文化发展基金会赞助支持

[南非] 奥比 · 萨克斯 著　　陈毓奇 陈礼工 译

断臂上的花朵：

人生与法律的奇幻炼金术

ALBIE SACHS

THE STRANGE ALCHEMY OF LIFE AND LAW

广西师范大学出版社

· 桂林 ·

The Strange Alchemy of Life and Law
by Albie Sachs

"THE STRANGE ALCHEMY OF LIFE AND LAW, FIRST EDITION"
was originally published in English in 2009.
This translation is published by arrangement with Oxford University Press
through Andrew Nurnberg Associates International Limited

著作权合同登记图字：20-2021-152

图书在版编目(CIP)数据

断臂上的花朵：人生与法律的奇幻炼金术 / (南非)萨克斯著；陈毓奇, 陈礼工译.
— 桂林：广西师范大学出版社, 2014.9（2021.4 重印）
（理想国译丛）
书名原文: The strange alchemy of life and law
ISBN 978-7-5495-5835-3

Ⅰ. ①断… Ⅱ. ①萨… ②陈… ③陈… Ⅲ. ①法治－研究－南非（阿扎尼亚）
Ⅳ. ①D947.8
中国版本图书馆CIP数据核字(2014)第189169号

广西师范大学出版社出版发行
广西桂林市五里店路9号　邮政编码：541004
网址：www.bbtpress.com

出 版 人：黄轩庄
全国新华书店经销
发行热线：010-64284815
山东临沂新华印刷物流集团有限责任公司
临沂高新技术产业开发区新华路　邮政编码：276017

开本：965mm × 635mm　1/16
印张：16.25　字数：189千字
2014年9月第1版　2021年4月第10次印刷
定价：68.00元（精装）

导 读

英雄救美

熊培云

古希腊的时候，有个叫芙丽涅（Phryne）的人体模特，据说是雅典城最美的女人。因为"亵渎神灵"，芙丽涅被送上了法庭，她面对的将是死刑判决。关键时刻，辩护人希佩里德斯（Hyperides）在众目睽睽之下为她褪去了衣袍，并对在场的所有市民陪审团成员说："你们忍心让这样美的乳房消失吗？"

这是古典时代有关美与正义的最动人的故事。所谓爱美之心，人皆有之。在肉体之美（芙丽涅）和精神之美（希佩里德斯）的双重感召下，雅典法庭最终宣判芙丽涅无罪。19世纪法国画家热罗姆（Jean-Leon Gerome）曾经为此创作了油画《法庭上的芙丽涅》，场面香艳生动，不愧为世界名画。不过，这个英雄救美的故事实在太过浪漫，以至于让人觉得不真实。据说芙丽涅被释放后，雅典通过法律，禁止被告在法庭上裸露胸部或私处，以免对法官造成影响。

本文将要重点介绍的是另一个"英雄救美"的故事。它发生在近几十年，而故事的主角正是《断臂上的花朵》一书的作者萨克斯（Albie Sachs）。

1935 年，萨克斯出生于约翰内斯堡一个立陶宛犹太裔移民家庭。在父亲的鼓励下，他年少立志，愿投身于人权事业。十七岁，在开普敦大学学习法律期间，曾参与抵制恶法运动（Defiance of Unjust Laws Campaign）。几年后，作为人权律师，萨克斯成为南非当局的眼中钉，并因此被拘禁和刑讯逼供。1966 年，出狱后的萨克斯被迫流亡海外。

然而厄运并未因为流亡而结束。1988 年 4 月 7 日，在莫桑比克从事法律研究的萨克斯惨遭汽车炸弹袭击。虽然大难不死，他却丢掉了一条手臂和一只眼睛。而凶手正是南非当局派来的特务。萨克斯在他的自传里生动地回忆了自己醒来时的情景。他像天主教徒在胸前画十字架一样，对自己进行“眼镜、睾丸、钱包、手表”式的检查：

> 我的手往下摸，毯子下的我光溜溜的，所以很容易就能摸到我的身体，我的阳具还在！我的老鸡鸡啊！（当时我独自一人，这么说应该无伤大雅吧。）这家伙曾经带给我许多的欢乐与哀愁，我相信往后它也会继续带给我许多欢乐或悲伤。接着检查蛋蛋，一、二，两颗都在！既然在医院中，也许我该称它们为睾丸以示尊重。我弯曲手肘，人又有了欲望是多么的美好，其次就是能做我想做的事情……

萨克斯将自己近乎荒诞的反应归功于他与生俱来的幽默感。但是，这并不等于说他对自己肢体的残缺没有一点悲伤，只是因为他知道空洞的悲伤已经于事无补。既然他以推进南非人权状况为自己一生的志业，对于任何可能付出的代价也早有心理准备——

> 马普托墓园葬满了被南非特务谋杀的人。我们身边已经死了好多人。所以当我在马普托中央医院里暂时苏醒过来时，我感到胜利的喜悦。我活下来了。作为一名自由斗士，你每天都会猜想这一刻什么时候会到来，会是今天吗？会是今晚吗？会是明天吗？我在面对它的时候能保持勇敢吗？它真的到来了，而我活了下来，活了下来，活了下来。

莎士比亚说，懦夫在未死以前，就已经死了好多次，而勇士一生只死一次。萨克斯显然无愧于勇士的荣誉。按说，如此遭遇足以在精神上毁掉一个人，让他从此丢掉初心，陷入复仇主义的深渊。然而，这颗汽车炸弹不但没有摧毁萨克斯，反而使他获得了更加平静而昂扬的生命。

我之所以说这是一个"英雄救美"的故事，是因为我看到许多心地美好的人在此打击下难免以牙还牙，甘于同流合污，与敌同沉。而萨克斯几乎没有做太多的思想斗争便救出了自己。早在第一次被拘捕时，萨克斯就意识到自己与南非白人政权的较量是意志与品格的较量。因为抓捕他的人对他的折磨已无关他手上的信息，而只是想打垮他。"他们的目的在于证明他们比我强大。"然而，即使是作为一个牢笼中的弱者，他也不希望与囚禁他的人互换角色。他必须将自己从复仇的野蛮中救出来，必须呵护好内心高贵的东西。他清楚地知道自己憎恨的是一种坏制度，而不是在这种坏制度中各扮角色的可怜人。作恶者人性的世界已经坍塌了，而萨克斯人性的世界还在。那里绿草如茵，繁花似锦。如果他也像敌人那样以剥夺别人的自由为目的，那他就等于爬进敌人的战壕，与他们为伍了。

在《断臂上的花朵》中，萨克斯曾这样重申自己的理想与道义——“让所有南非人民都获得自由，远比囚禁、施加酷刑在那些曾对我们如此的人，更属有力的复仇。以牙还牙意味着，我们将变成他们的同类，变成帮派分子、骗子和暴徒。虽然是为了更加高尚的目的没错，但最后我们就会和他们沦为一丘之貉，只比他们更加有权力而已。我们的灵魂会像他们的灵魂，而我们的凶残也将和他们的凶残无所区别。”

虽然肉体之我被迫害者做了减法，但在遭此劫难之后，萨克斯知道如何坚定信念，为精神之我做加法。“不管我怎样身受重创，我还是比他们优越——我的行为准则和价值比他们更高尚，我的信仰深度为他们无法企及，我才是真正的人类，我为正义而战、我为自由奋斗，我永远不会变成他们那种样子。某种程度上，慈悲为怀的信念，而非残忍的以暴制暴，赋予我一种道德上的胜利，让我能够坚强地走下去。”

“我知道只要我能康复，我的国家也将会康复”——这是我在萨克斯书里读到的最感动的一句话。我丝毫不认为这是一种狂妄自大，恰恰相反，在这里我听到的是一个人在惊魂初定后立即找回的责任心。对制度之恶不同常人的理解，对同代人苦难命运的广泛同情，对内心美好世界的坚守不移……如果不是这些观念与责任心，萨克斯也不可能绕开冤冤相报的复仇，重新踏上康复南非的道路。

后面有关南非转型的故事，早已广为人知。被囚二十七年的曼德拉在 1990 年被德克勒克请出监狱。同年，萨克斯回到了阔别几十年的祖国。四年后，曼德拉当选总统，并指派萨克斯担负新南非的宪法法院大法官。大法官卸任后，萨克斯著书立说，经常去世界各地演讲，分享南非转型经验与宪政成就，为那些深陷仇恨的国家愈合伤口。

维克多·雨果说过，最高贵的复仇是宽容。一个屡遭来自祖国的恐怖主义袭击的人，没有因此憎恨自己的国家，反而不断要求提升自己的德行，并召唤同类，这在南非并不少见。南非能够平稳转型，正是有赖于那些长年斗争的人彻底放下了心中仇恨，走向和解。一个渐渐达成的共识是，南非或许需要复仇，但它指向的绝不是人，而是人心中不义的观念与现世不公的制度，包括仇恨本身。关于这一切，读者很容易在曼德拉和图图的宽宏大量中找到共鸣。

在真相与和解委员会的主导下，身为大法官的萨克斯与当年参与汽车炸弹谋杀的亨利握手言和，为此亨利回家哭了两个星期。新制度将原来的迫害者还原为普通人。曾经的作恶者终于回归内心，如今眼泪汪汪。新南非无法做到将原来的迫害者统统关进监狱，也不能建立在大规模扩建的监狱之上，而应该奠基于一种全新的观念和制度。以复仇为目的的清算不仅会使新南非国父们的理想显得缺少诚意，而且会让这个国家因为冤冤相报而永无宁日。在此意义上，宽恕不仅具有道义内涵，而且是理想南非必须支付的社会成本。

萨克斯曾在书中谈及自己的理想追求，“若民主能在南非落地生根，那么代表纯洁和殉道的玫瑰与百合花将从我的断臂上开出”。在个人恩怨与理想之间，萨克斯选择了后者。这就是他“温柔的复仇”。而且，这种“温柔的复仇”是强而有力的。“我在被监禁时所立下的誓言，现在终于实现了，但不是在意识形态斗争上击败对方，而是升华为一套哲学与情感的圭臬，勾勒出我心中的理想人格、我想要生活于其中的理想国家，以及我愿意奉行恪守的理想宪法。”

萨克斯不辱天命。由于恶法和恶政的存在，他曾经由法律的研究者变成了“法律的敌人”，而现在他作为大法官成为新南非法律忠实的捍卫者。在这个犹太裔南非白人的主导下，南非宪法确立了废除死刑，保障同性恋婚姻权利、艾滋病人权利等若干原则，成为“最受世界尊敬的一部宪法”。在萨克斯看来，法律不是冷冰冰的机器，法律必须像人一样拥有灵魂。换句话说，我们不能一味地要求人要有法的精神，却对法缺少人的精神置若罔闻。

写作此文，并不是为萨克斯歌功颂德。我更愿意将他“温柔的复仇”视作人类历史中的宝贵经验。毕竟，从远古的同态复仇到博弈论中的报复平衡，从近现代仇恨煽动下的革命、战争到今日的核威慑，我们可以找出无数例子来证明人类的历史就是一部复仇史。而萨克斯“英雄救美”的意义，在于时刻提醒那些有着远大理想的人，如何做到不违初衷，不借口恶人的过错而让自己成为自己所反对的人。

转型期南非的政治精英能放下仇恨，固然有时代整体氛围的影响，但这一切又何尝不是个体选择的堆积。除了从流亡者到大法官的萨克斯，还有甘愿放下手中权力的白人总统德克勒克，主导真相与和解委员会的大主教图图，从监狱里走出来的黑人政治领袖曼德拉……这些新南非的国父无一不在向世人昭示他们的意义并发问：当世界坍塌之时，个人如何守卫自己心中的世界？在死握权柄与扬言报复之间，交战中的精英该以怎样宽广的心怀去带领受伤的人民？

还是让我们回到芙丽涅的那场审判吧。人类为自己创立思想和制度，同时不得不接受它们的奴役。芙丽涅自法庭平安归来，让世人看到“渎神罪”的弹性，也看到了由此而生的种种悲喜剧——与其说它们是来自上帝的威仪与审判，不如说是源于人类的自我裁决。当然，这既包括群体对于个体的群裁，也包括个体对群体的审视和自我意义的抉择。

我不得不承认，与希佩里德斯那场古老的英雄救美相比，萨克斯在20世纪的“温柔的复仇”更让我为之动容。这不是一个简单的自救救他的故事，它还有着关于人生美学的深广内涵。萨克斯用他一生“温柔的复仇”，昭告身怀理想的人如何听从天命的召唤以抵抗不幸的命运。萨克斯是不幸的，他因为追求世界之美而不得不面对身体的残缺。萨克斯又是何等幸运！他没有因为憎恨而失去内心之美。而真正的英雄救美，就是同时对世界之美和内心之美担起责任。

最后说点感谢的话。几日来先后为曼德拉、图图和萨克斯的中文版图书撰写序言，倾听他们卓然于世的心声，对我而言都是莫大的荣耀。记得昨夜，当我沉浸于这最后一篇序言的写作时，外面台风呼啸，暴雨难歇，今早醒来已是天朗气清，极目千里。大自然竟是如此应景，想必这也是读者合上“南非转型三部曲”时的感受。

依我之见，无论是曼德拉、图图，还是我最后着重介绍的萨克斯，他们能够在抗恶的过程中不与恶同沉，都是基于以下思想与信念：作恶者嚣张于一时，但并不掌控这个世界，包括你高贵的灵魂。作恶者表面不可一世，实际卑微十足，他们唯一能负责的只有自己的罪恶。而你真的可以和他们不一样，因为你另有乾坤，当作恶者负责恶时，你必须负责美——美到作恶者暗淡无光，美到作恶者为自己流泪，美到作恶者为你鼓掌。

2014 年 8 月 11 日

东京大学访学期间

写在前面

两年前凡妮莎与我生下一个小男孩，

他只要问一声“为什么？”就能带给我们无比的喜悦。

如果有天他想知道为什么我们给他取了“奥利弗”这个名字，

为什么他的爸爸只有一只手，

以及为什么大家都叫他爸爸“法官”，

他会在这本书中找到答案。

目 录

判例目录

手举南非国旗的奥比 · 萨克斯大法官（感谢 21 Icons South Africa[www.21icons.com] 和摄影师 Adrian Steirn[www.adriansteirn.com] 授权使用本图片）

谢 词

本书第四章部分参考了小威廉·布伦南大法官在《卡多索法学评论》的文章《理性、热情与“法律的进步”》。

第五章有部分内容摘录自拙著《一个自由斗士的温柔复仇》（*The Soft Vengeance of a Freedom Fighter*）[1]。

[1] 详见*Cardozo Law Review*, “Reason, Passion, and ‘The Progress of Law’”, Brennan, William J. Jr (Vol 10, October/November 1988) 与 *The Soft Vengeance of a Freedom Fighter*, Albie Sachs (2nd edn, Cape Town: David Philip; Berkeley: University of California Press, 2000, first published in 1990 in Great Britain by Grafton Book), pp. 9-12 and 116-119。

前 言

> 在这些赤贫的人的眼神与言谈当中，我看到他们为正义与自由奉献心血，乃至于牺牲生命的决心。我同时也深深被他们的活力与笑声鼓舞，它们对实践正义所能有的贡献，似乎远胜于我的法学院里高妙但缺乏热情的清谈。

在不可思议的命运安排之下，我成为了一位法官。如果司法工作真的是我当初立定的生涯目标，那么我过去所做的一切都没有浪费：八年的学业加上包括法学博士在内的三个学位、在开普敦十年忙碌的律师生涯，以及随后横跨三个大陆认真地在法律系执教，出版数册专书，有些是学术性的，其他则是自传性质。但若以法律对我人生的实际影响而言，过去的每件事都荒唐离谱：学生阶段，我家曾在破晓前被警察突袭搜索，而我则受到当时所称的“禁制命令”限制居住及行动；在执业阶段，我曾两度遭到国安警察处以“单独拘禁”的惩罚，第一次一百六十八天，第二次则是三个月，期间国安警察还以剥夺睡眠的方式对我刑讯；当我完成博士论文时，却有国归不得，流亡于英格兰；而数年之后，在莫桑比克从事法学研究时，我的祖国却派了情报特务用汽车炸弹谋害我，导致我失去一条手臂和一只眼睛。

事实上，在我的大半生中，我既是法律的守护者，又是法律的敌人。任何参与过地下活动的人都会知道，若一个人在公共领域里以法律为行为准绳，而在暗中却试图颠覆法律，那么他的心灵会承受如何的撕裂。然而造成此矛盾的缘由并不难理解，而我的志愿也很清楚——只有当我们结束种族隔离，重新使法律与正义接轨的时候，我才能再次成为一个内在和谐完整的人。然而，在我这个法律人的灵魂深处，有一个好像不会产生明显危险，但却更加令我不安的忧虑，它被种族隔离下各种光怪陆离的现象给加剧，但其实有更深层、更复杂的起源。

开始产生这种不安时，我尚在开普敦大学就读。阳光流贯我们的教室，而我善尽一个好学生的本分，认真聆听教授们谈论着法律向来广受推崇的美妙的抽象性。为了应付考试，我将教科书上那些谈论法治、基本权利，以及司法独立的优雅词句倒背如流。接着，入夜后，我会在仅靠忽明忽灭的烛光照亮的陋室里，主持开设给穷人学习的课程，并在这些赤贫的人的眼神与言谈当中，看到他们为正义与自由奉献心血，乃至于牺牲生命的决心。我同时也深深被他们的活力与笑声鼓舞，它们对实践正义所能有的贡献，似乎远胜于我的法学院里所有高深玄妙但缺乏热情的清谈。同一座城市，却存在着两个世界，彼此视同陌路，仅由痛苦而非希望来联系，而我则彷徨踟蹰于两者之间。

在三十多年的律师生涯当中，我不停地与这个分裂的自我奋战。我从没想到，是那颗炸弹将这个分裂轰出我的人生之外。炸弹把我逐出日复一日的例行法律生活，从而让我能自由地从头开始过我的人生。我学习如何走路、站立、奔跑……以及草拟南非的新宪法。刹那间，令人欢欣、动容，法律教科书中那些堂而皇之的抽象概念，与过去那些被剥夺权利的人对正义的渴望，两者融为一体，紧紧相拥。法律不再构成不义的路障，以至于为了追求自由而非冲撞、拆毁它不可，如今它反而是达成和平革命的主要工具。在接下来的制宪期间，我生命中原本扞格矛盾的力量得以调和。如果制定新根本大法的过程治愈了我的国家，那么它也一并消除了我自己深层的内在分歧。

因此或许可以这么说，若某些人生来就将做法官、从事司法工作，我则是法官一职自己掉到头上并欣然接受的那种人。自曼德拉总统任命我和其余十位同事担任南非的第一届宪法法院法官以来，我有幸经历了在人生与知识上皆精彩、丰富、引领着我精益求精的十四个寒暑。

对我来说，当法官从来就不是一个理所当然的选择，我不认为这是我生来就该做的工作，也不是没有其他的质疑。我早年与法律激烈的敌对关系本不该产生这种结果。更有甚者，在我流亡海外时所从事的社会与法律实证研究（social-legal studies）使我习惯观察并反省法律人所作所为的实际意义。此外，我还不断受到世界各地的大学和法律团体的邀约，希望我能解释如何在一个本来几乎要陷入种族相互屠戮悲剧的国家建立起民主宪政，在他们看来这简直是奇迹。倘若你认为南非已民主化，却又不相信奇迹这回事，你应当会加倍努力地找寻理性的解释。民主转型是如何发生的？而我的法官角色究竟在当中发挥了什么功用？

回首往事，我已在全球各地针对这些问题发表报告，各个不同的国家都得面对这些问题引发的相似争论。这些年来我在纽约、伦敦、德里、剑桥和芝加哥等地反复进行的演讲被集结成册，准备出文集。但这卷文集缺乏贯穿首尾的内在肌理，因此为了把它们串在一起，我便开始摘录并加入若干宪法法院的判决，有些判决是出自我自己，有些则来自我的同事。至少，这能在个人演讲和司法判决之间提供有趣的对照：前者的风格相对平易近人，并有更多个人化的抑扬顿挫，后者则是如同神谕般的庄严公正。不过，我察觉到这个结合了我的叙事文字与法律判决摘要的作品所发挥的比较和对照作用，进一步替我的想象力提供了更加精彩的素材，它激发我去探索我在法律以外的生命阅历和我作为法官的判决两者之间所发生的化学反应，那虽然若有似无，却十分微妙。一旦有了这样的念头，一本全新的著作开始在原有的手稿之间自然成形。

我人生中最具戏剧张力的经历都与恐怖主义和酷刑虐待有关。对那些曾在种族隔离时期干过惨无人道之暴行的人严惩不贷，本会是对我的过去最直接、单纯的反应。我本可以理直气壮地问：那些当初全无恻隐之心而拒绝给予他人平等权与公正审判之人，如今怎能寻求并享受此等权利的庇护？我过去被视为恐怖分子；我反对用恐怖主义来当做争取自由的手段；当被派来摧毁我所属的解放组织的政府特务因事迹败露而被擒获时，我必须处理是否该严刑拷打他们的问题；我也是国家主导的恐怖主义的受害者。然而，回顾我留下来的司法文献时，可以很清楚地看到，我在法庭上做出的响应却是复杂许多。生命阅历无疑已改变了我对法律的理解，而不变的是那些已经经久确立且仍能与时俱进的法律思想原则。

在撰写这本书的过程中，最让我惊讶的发现是，在处理我与真相与和解委员会（Truth and Reconciliation Commission，简称真和会）的关系时，当中恰巧包括一段插曲，也就是我和指挥在我乘坐的车中安放炸弹的那位特务的会面。我一直以为这段真和会的经历，与我身为法官的思维逻辑是分得很清楚的。但从我历年的判决来看，我发现和解在我的法律思维当中始终是个核心的主题，并在两边都鲜明地表现出来。一边强调在诸如诽谤或中伤案件当中道歉的重要性，即一种修复式正义（restorative justice）。另一边则着重调解沟通（mediation）在和解过程中所扮演的角色，使拥有广大闲置土地的富人，可以和那些在他们的土地上搭建栖身之所的穷人和平共处。

当我开始思考组织这本书的架构之后，我便忍不住想加入一章来讨论欢笑在民主社会中的功用。自由斗士常被说是一群阴郁寡欢的人，只有在仇敌溃败时才会挤出一点笑容。我在反抗运动中的经验并非如此。在我被炸弹攻击并接受手术之后，我一醒来就立即对自己讲了个笑话。幽默若在我生命中以及争取自由的奋战中占有一席之地，它在开放与民主的社会中也该有相同的地位。所以，在审理“笑笑就好”一案，处理某商标遭到戏谑使用的问题时，我在判决书的开始便提问道：法律有没有幽默感呢？

在南非制定宪法的过程中，最激烈的论战莫过于人权法案（Bill of Rights）所规定的基本权利究竟该不该包括社会经济权，即诸如健康、居住、获得食物、受教育等权利。我们长久以来艰苦奋斗，争取的便是让这些“面包权”能和其他古典的“自由权利”一样，纳入宪法。但它们一经写入宪法，该如何被落实的问题便接踵而来，成为对司法工作者的严峻挑战。我们该如何做才能在给予社会经济权实质保障的同时，又能谨守司法的角色与分际，不至于演变为非民选的法院篡夺了民选政府的职权？古特邦女士（Mrs. Grootboom）的案子为此立下了里程碑。每当冬雨即将来临的夜晚，她和其他一千多人只能露宿街头，每晚只能与星辰相伴入眠。经由宪法法院的合议，我成功地将自己的想法融入我同事查克·亚可布（Zak Yacoob）大法官主笔的判决书。如今它已成为相当知名的案例。后来，法院又处理了两件涉及艾滋病患者权利的案子。当时我们的法庭挤满了人，每个人身上都穿了一件写着“HIV-POSITIVE”（艾滋病毒阳性反应）的T恤。现场的气氛非常激烈，而那个当下我感受到一股逆向的感染力——不是生命改变了法律，而是法律改变了生命。因此这章的结尾是一个反省，回顾我参与法院审判的客观经历对我的主观人格产生了什么影响。我替这章起的标题是“哭泣的法官”。

同性恋婚姻一案第一次让我很清楚地意识到，强烈的个人生命体悟会如何左右司法判决。我在准备将于哥伦比亚大学发表的保罗·罗伯逊讲座（Paul Robeson Lecture）时，我发现有两个看似相互矛盾的过去经历对我影响至关重大，并塑造了我对同性恋议题的看法。第一次是在我担任法官之前，我曾出席同性恋大游行表达支持。另一次则是我代表宪法法院出席非洲基督徒法律人协会（Christian Lawyers in Africa）会议致词。这些经历并没有影响我最后的立场，但它们凸显了我们这个开放、民主的新宪法秩序必须面对的一桩重要任务，那便是俗、圣两方该如何化解歧见、彼此和解。若有人对我过去的人生抱有过于单纯的看法，他们也许会预期我的判决很可能会将全体国民一分两半，一半开明进步，另一半蒙昧无知：开明进步的对宪法抱持着“解放束缚”的态度，或至少不排斥这种想法；而蒙昧无知的另一半则冥顽不灵地死抓着过往迂腐的偏见不放。然而事实上，因为我们有一个严重分歧的社会，而透过接触其中的各种人物，包括参与大游行的示威者以及基督徒律师，我有机会发展出一套我个人以为更加成熟细腻的立场。虽然这个立场明确地支持同性伴侣应享有和异性伴侣平等的待遇，但同时也给予基于良心而持不同立场的宗教信徒应有的尊重与宪法的认可。

最后，这些故事背后的故事需要一番交代。我是如何做出决定并写成判决（在美国判决称为法院意见〔opinions〕）？当我在多伦多大学授课时，我的开场白是“我的每则判决都是谎言”。这句话吸引了学生们的注意。我解释说，谎言指的不是我的判决内容，它们的每一字每一句都是我的肺腑之言。我所指的虚伪不实，是判决书行文所表现出来的那种冷静、井然有序的风格，粉饰了我落笔时翻来覆去的思考与剧烈的犹豫和挣扎。我感到有必要澄清一种通俗观念，即从法官们看似权威而堂皇的口吻当中，有人会以为司法判决完全是在理性的神奇引导之下自动写成。这使我去找出我写过的判决中所具有的四种不同的逻辑：发现的逻辑、证立的逻辑、说服的逻辑与润饰的逻辑。最后我必须面对理性与激情之间的关系，还有人性尊严与比例原则（proportionality）的概念：这些相互交织、不可分割的概念，贯穿了这整本书。

像我这样一个成长于启蒙理性传统中的人，实在很不想和有关炼金术的东西扯上关系。但我必须承认，许多影响我们决策的过程在理论上虽不难理解，但实际上像炼金术一样，以一种很难定义的神秘方式产生影响。生命经验进入法官判决的方式，或者至少是对我判决的影响，便是如此。所以我单纯想指出，从我曲折离奇、多彩多姿的人生到法院里影响深远的工作，其间的差距不可谓不大，而将两者熔于一炉的炼金术尽管古怪，却是充满挑战、险阻与喜悦的。在写这本书的过程当中，我自然会问自己：“人生经验究竟是怎么影响法律判决的？”我的回答是：“无从预期。”

第一章

恐怖主义与刑讯的故事

> 此人曾经手握生杀大权，威胁恐吓了许多人，如今竟然当庭落泪。他的两眼浮肿、双颊通红、泪下如雨。他过去曾是国家的刽子手，双手可能夺去好多人的生命，如今我们却眼睁睁地看着他泣不成声，但他的流泪不是因为受到严刑峻罚，而是被问了一个简简单单的问题："为什么人能够对人做出这种事情？"

三十九岁那年，我发现我被南非政府视为恐怖分子，当时我正流亡海外，在南安普敦大学（Southampton University）法律系执教。我受邀参与一场在耶鲁大学当代历史系举办的会议，但无法取得美国签证。为什么呢？因为我参加了非洲人国民大会（African National Congress，常被简称为 ANC，即非国大），一个由曼德拉所领导的团体，而他曾是以推翻南非种族隔离为目标的"民族之矛"（Spear of the Nation，又称 Umkhonto We Sizwe）[1] 的总指挥。因此，尽管我在英格兰是个安分守己的法律教授，但就我参与非洲人国民大会来说，我是恐怖分子。幸好，几个月后，支持非洲人国民大会的政治游说团在华盛顿占了上风，胜过南非政府雇用的游说团。美国国务院修改政策，于是我就从恐怖分子的名单上除名了。

[1] "民族之矛"主张以武装抗暴来推翻南非国民党政府及其所推行的种族隔离政策。（繁体版编注，后同）

“恐怖分子”这个标签之所以惹人憎恶，并不仅因为它是个污名。在南非，成千成万的人因为被视为恐怖分子而遭受骇人听闻的对待。由于被当做恐怖分子，我们可以不经审判就被拘禁，单独囚禁，无法与家人、律师或任何人联系。什么理由呢？理由是有关当局正在对抗“恐怖主义”，对抗它们对南非进行所谓的全面开战。而他们同时也会牵扯苏联带来的威胁，与各种各样的危险祸害，诸如“黑祸”与“红祸”，以及当中国崛起时，“黄祸”的说法也随之出现，通过这些把他们以反恐为名的自我防卫正当化。然后他们便恣意将我们从家里与工作场所押走，关进大牢。

此时要保持勇敢真是不容易！大祸尚未临头之前，你可能会单纯地以为，倘若你被监禁了，就抬头挺胸、保持信念，然后誓死不屈。现实则完全不同。你被困在小小的水泥方块里。你一下瞪着你的脚趾，一下又瞪着墙壁。再瞪着脚趾、再墙壁、再脚趾、再墙壁，你不知道这到底要持续多久才会结束。你不知道能做什么，也没有人可以与你聊天。这不是人该过的生活。人类是群居动物，我们是需要同伴一起过日子的。有些人想考验自己的意志力，因此花费数年的时间独自一个人坐在柱子顶端。我有位朋友是尼姑，她可以做到一两个月内完全缄默不语。但这是她自愿选择的结果，她是自己行为的主人。我被独自监禁则是出于被迫，不是让你借由沉思来陶冶灵魂，而是要透过孤独来毁灭它。

我仍记忆犹新，我当时是如何试着让自己有事可做，好让我感到自己还是一个活生生的人、还有活跃的头脑与正常的情绪。我曾试着背诵全美各州的州名。我依稀记得我有次背出四十七个州，但我无法把它们写下来，所以在缓慢地按着字母顺序一路往下背之后，我不确定我到底背出了几个州。我那时两只手臂都还在，因此我像英文字母J一样吊单杠。然后我开始唱歌，再次按照字母顺序来唱：Always、Because、Charmaine——可说是一套1963年畅销单曲的私人精选。（顺道一提，肯尼迪总统遇刺身亡后，消息立即传遍世界，但我当时可能是唯一还不知道的人。大概有一周之久，我对此完全一无所知，因为我被监禁在一个与新闻隔绝的世界。一直到有个狱警实在忍不住，想把这惊天动地的消息讲给一个还不知道的人听，我才知道发生了什么事。）为了让自己感觉更像一个人，一个活生生的人，我会唱歌：

> 我将待在这里，一直待在这里，一年又一年，一直待在这里。在我所熟悉的小牢房里。我会待得好好的，一直待在……

另外，我也喜欢哼着由诺埃尔·科沃德[1]诠释、带有中上阶层风味的欧文·柏林[2]的曲子来振奋精神：

> 我不会离开，一直留下来，我会抬高我的下巴，一直抬着。不止一小时，不止一个礼拜，不止九十天，而是一直不停。

将我拘禁的法律称为《九十日法》（90-day law），这部法允许政府在未经起诉的状况下将嫌疑人单独囚禁，最长可达九十天。九十天以来，我就像每个被关进来的囚犯一样，在牢房的墙上刻

---

[1] 诺埃尔·科沃德（Noel Coward，1899—1973），英国著名剧作家、作家、导演、歌手，善于讽刺中上阶层，以机智与夸饰闻名，当红于1960与1970年代。

[2] 欧文·柏林（Irving Berlin，1888—1989），美国历史上最伟大的作曲家之一，留下九百多首由埃拉·费兹杰拉德（Ella Fitzgerald）等名歌手传唱的歌曲，其中包括《白色圣诞》（White Christmas）、《脸贴脸》（Cheek to Cheek）等脍炙人口的曲子。

画记号，终于算到第九十天。我获得释放，我拿回我的领带和西装——它们是我遭逮捕时穿在身上的衣物，当时我正要走进我的律师事务所上班——我也拿回了自己的手表，然后我便说："我自由了，我自由了。"但当我走出监狱来到街上，一名警员向我走来——他还先和我握了握手——对我说："你被逮捕了。"我便又回到监所，再次交出我的手表、领带、西装。九十天可以再接着一个九十天、下一个九十天、再下一个九十天。

一旦你开启了贬损法治的那一扇门，便也将法治的那一扇门关上，也将人身保护令（habeas corpus）、正当讯问、公正审判的那一扇门关上。对国安部门来说，开门与关门永远不厌其烦。在破案压力下，他们向来想打开更多方便之门，所以他们需要九十天，然后又一百八十天，最后变成无限期的拘禁。上面提到的是我第一次被拘禁，先关九十天，接着七十八天，当时我完全不晓得要被关到什么时候才能获释。

两年之后（你并不会因为被关越多次而变得更坚强），我再次被拘禁。他们为了逼供，不让我睡觉。我白天和晚上都无法睡觉，有一个讯问小组对我咆哮，敲打桌面十分钟，再陷入死寂十分钟，交替进行，轮班执行一整天。当我开口要求一些东西吃时，他们似乎显得很愉悦，把饭菜递给我时，看得出他们在窃笑：我很清楚他们在那些饭菜中下药。而第二天早上，我的身体会反抗我的意志、我的心灵。想睡觉、想倒下休息的渴望几乎征服了我。我知道有人撑过四天、五天、七天，而撑得越久，他们最后会崩溃得越彻底。他们失去了一切自制能力。我害怕会变成他们那样子。理论上来说，我必须撑过三十六小时，使我的同伴有逃脱的时间。但我没有负责保护什么人，而我手上的信息也是两年前的旧闻。

他们对我的折磨已无关我手上的信息。他们只想打垮我。他们的目的在于证明他们比我强大。我当时没有想到让-保罗·萨特，后来我便想起他写到过法军在阿尔及利亚所实施的刑讯。他指出，法军负责刑讯的单位，其目的不只是逼问情报而已，它更是要毁灭受刑人的意志、信心与自尊。这当中存在强烈的种族因素。透过刑讯，主事者企图把这些人生而为人的身份剥夺，使之成为比人低下的生物。他们不只感到他们有权利这么做，他们更感到他们非如此不可，因为他们得与邪恶作战，旨在消灭一群低等的、具有威胁性的生物。黑人受到种族歧视已有悠久的历史，但在讯问者的眼中，我某种程度上比黑人更加恶劣。我身为白人，却造谣生事，煽动原本纯洁的心灵，从感谢政府变成痛恨政府。这个政府其实让他们过得比非洲其他的同胞更好。

那是我生命中最糟、最不堪回首的时刻。这可不是某些学者所空想出来的思想实验，拿来讨论政府实施刑讯的成本与效益。此外，如同其他百分之九十九点九的刑讯案件一样，当我瘫软在地上、他们对我泼水、把我硬生生地拉起来的时候，并没有一颗正在倒数计时的炸弹要爆炸。我仍记得那些硬把我的眼皮扳开的粗重手指。我再次倒卧在地上，就会有更多的水泼向我，黑色、棕色的皮鞋在我身旁四处踩踏，表现出一种无声而井井有条的紧迫，而他们看到我的抵抗逐渐瓦解时，我仿佛感受得到一股被消音的胜利欢呼在四周回响。我当时所知道的所有情报都过时了。或许他们是想要我作证指控其他参与反抗运动的人。如果我招了，他们就取得双重胜利，因为我就可以被说成是叛徒，被我原先竭力对抗的体制所利用。他们追求的是霸权、宰制、权力、掌控和主宰。这些措施是系统性的，是预先组织好的，是被纵容的，更是种族隔离政策的一环。它们是这个尊奉白人至上的体制所不可或缺的，非采用这些肮脏龌龊的手段便无法维持这个泯灭正义的体制，而其不堪连在种族隔离的南非都让人羞于启齿，以至于被政府掩盖与否认。腐败的苹果直接摆在箱口，而非藏在箱底。半年、一年、两年后，施暴者陆续被法院传唤出庭，并否认他们的行为。法官看得到作证指控迫害的证人，但他们看不到淌流的鲜血、折裂的骨头和烧烂的皮肤。他们看到的是苍白、神经质、结结巴巴的受害者声称遭到虐待，然后再听取并接受国安警察的说词。毕竟，后者表示，他们的作为是在保护法官和其家人免于受到恐怖攻击。公允地说，确实有法官用行动证明，无论大环境如何黑暗，公正独立的司法良心仍有施展的空间。不过，令人难过的是，这种法官实在不多。

我记得我第一次被囚禁时，我想着，如果我有机会成为一名位高权重的官员，我绝不可以对任何人做出这种事情。当你软弱无力的时候，你会试着想象当自己和那些羞辱你的人一样掌权时，会如何表现。什么是你所能施展的最大权力？你想到的不是以牙还牙、以眼还眼。你过于卑微渺小，以至于翻转这个权力关系对你来说根本不可能、根本无法想象。情感上，更有可能对自己说的是，不管我怎样身受重创，我还是比他们优越——我的行为准则和价值比他们更高尚，我的信仰深度为他们无法企及，我才是真正的人类，我为正义而战、我为自由奋斗，我永远不会变成他们那种样子。某种程度上，慈悲为怀的信念，而非残忍的以暴制暴，赋予我一种道德上的胜利，让我能够坚强地走下去。数年后，当我在记录我被汽车炸弹攻击并失去一只手臂的经验时，我发现我不断重复的一个句子是“这将是我温柔的复仇”：如果在我的汽车上埋置炸弹的凶手，在莫桑比克的法庭上被起诉但却因证据不足而获得释放——我写道——这将是我温柔的复仇，因为我们将生活在法治之下。让所有南非人民都获得自由，远比将单独监禁与酷刑折磨施加于那些曾如此对我们的人身上，更属有力的复仇。以牙还牙意味着，我们将变成他们的同类，变成帮派分子、骗子和暴徒。虽然是为了更加高尚的目的没错，但最后我们就会和他们沦为一丘之貉，只比他们更加有权力而已。我们的灵魂会像他们的灵魂，而我们的凶残也将和他们的凶残无所区别。

最荒唐、最离谱的是，我们明明极力反对恐怖主义，却被当成恐怖分子来处罚。从 1960 年代晚期到 1970 年代早期，到处都是“主义”。资本主义、社会主义、帝国主义、斯大林主义、托洛茨基主义——只有社会民主（social democracy）没有落入这种主义的窠臼。而其中一种因为与我们的理念背道而驰而被我们摒弃的“主义”，就是恐怖主义。以暴力还诸种族隔离所施加的暴力，它就是不对。恐怖主义采取一种会伤及无辜的暴力手段，加害于所有恰好身在特定团体、种族、社群之中的平民百姓。这是完全欠缺政治理性的，并完全与我们的理念对立。我们对抗的目标是一套白种人至上的体制，而不是对抗一个种族。而此宗旨在我们的讲台和文献上不断三令五申，我不会说它是陈腔滥调，但确实是不厌其烦地被反复宣讲，仿佛成为我们的抵抗运动的某种祷文。长年以来，我们笃信非暴力路线。这一部分是为了避免发生种族间的流血冲突，这很可能会造成永远无法愈合的伤口；建筑物你可以毁掉又重建，而一旦受创的是心灵，悲愤怨怼将世代相传，难以平息复原。因此当所有的和平示威都被禁止而我们的运动最终走向武装反抗时，我们仍不考虑任何形式的恐怖主义。

因此，尽管当时世界各地的运动都纷纷制造轰动的劫机事件以引人注目，而许多非洲人国民大会的年轻成员都在质问，为何我们的运动领袖不效法相似的做法，但我们的领袖始终表达坚决的否定。不只是因为我们的代理主席奥利弗·坦博（Oliver Tambo）也会搭飞机旅行，或其他乘客中也会有支持我们使命的人。也不只是因为，这会让我们这场分明是光明正大的奋斗，这一场对抗种族隔离、对抗制度化的种族主义的抗争，被当成仅仅是两个敌对种族为了权力和苟活所展开的斗争。一个让我们念兹在兹、不敢或忘的大问题是：我们真正的敌人是谁？不是某个种族，也不是特定的群体，违背正义的体制才是我们的仇敌。当我们以暴力来挑战这个违背正义的体制时，针对的对象一定是这个体制的实际权力和宰制结构，而非平民百姓。而我确信，使奥利弗·坦博和其他非洲人国民大会领袖严加摈弃恐怖主义的深层理由是，他们不愿意我们也滋生出恐怖分子式的灵魂。恐怖主义对那些奉行它的人会有什么影响呢？他们会变成什么样的人呢？你如何能自诩为自由斗士却不分青红皂白地滥杀无辜呢？我相信这是我们的基本道德原则，有时会明白宣示，有时则是每个人心底的默契。而此人道精神不仅没有让我们变得不堪一击，反而还让我们越战越勇。它在非洲人国民大会之中构成一股强劲的力量，将我们团结起来，使我们得以一路挨过流亡海外的三十年，未曾经历剧烈的纷争或分裂。相较之下，当时其他的海外反抗运动几乎都四分五裂了。

1985年，仍在流亡中的非洲人国民大会内部又针对暴力路线问题进行了一场激辩。戈尔巴乔夫的苏联改革（Perestroika）尚无眉目，因此我们当时所遭遇的难处与国际情势无关。柏林围墙倒塌也是几年之后才发生的事情。我们当时在赞比亚的一座叫做喀维（Kabwe）的小镇开会，并获得赞比亚军队的保护，以防南非的特遣队跑来把我们全部炸死。会议非常地严肃，真的非常严肃。我特别记得那场会议讨论到的三个主题。第一个是关于我们的反抗运动可以采用哪些手段和策略。我还记得萨巴塔·达林迪耶博（Sabata Dalindyebo）国王的发言，他是东开普省传统上的君主，非常爱国，拒绝成为南非国民党政府的傀儡，因此被迫流亡。我曾在莫桑比克款待他和他的家人，还在去海边时借给他我的泳衣——我之前从没将泳裤借给一位国王过！他在会议上的发言，讲的是我们该如何增强我们的反抗，推翻种族隔离。他用科萨语（isiXhasa）[1]发言，因此我们这一小群文化上落伍的听众因为无法听懂而需要口译的协助。（非洲人需要懂英语——压迫者的语言，但压迫者却不用懂多数人所使用的语言。）他用非常生动的方式对我们演说，而听众都被逗得发笑；当我们在五分钟之后听到口译的内容后，我们也笑了。这是他说的故事："两个男人用棍子在打架，打得不可开交。两人都非常生气，而他们的妻子在一旁鼓噪。甲男的妻子对他吼道：'我的夫君啊，你是怎么回事？你比对方强壮那么多，也更会打架，但他却要打赢你了？你会输是因为你只用一只手拿棍子，而另一只手却完全无用，因为你像个傻子一样拿块毯子遮掩你的裸体。快把那块笨毯子丢了，不要再管你是裸体，然后用你的双手来和他打！'"听到这边大伙儿都笑了；而当我五分钟后听到英文口译时，我也忍俊不禁。

他所说的，是指我们因为怕被贴上恐怖分子的标签，以至于不必要地限制了自己反击的能力。有些与会者在走廊上彼此低语，说到白人只有在流着泪埋葬自己的儿女时，才有可能明白非洲人民所

[1] 南非官方语言之一，约有七百六十万的使用者。

承受的苦难。但会堂中的与会者以极富非洲风度的方式对这番发言报以温和的笑声，仿佛是说，我们懂你的意思，我们听进了你的故事，这故事相当有说服力而我们对你愿意和我们分享它感到非常敬佩，但是这并不符合我们的宗旨。接着，大家便跳到下一个议题。若是我来响应，我可能会跳起来说："国王同志（我们平常都这样称呼他），非洲人国民大会长久以来的原则是反对恐怖主义，它背后的意识形态我们不能接受，原因在于这样、这样、那样。"非洲风度相较之下更加内敛，也少了许多冲突和摩擦。而会议的结果清楚明白地否决了任何要求我们使用恐怖主义手段的提议，坚持了我们长久一贯的原则。

会议所处理的第二个主要问题与我直接有关。此前当我在莫桑比克担任司法部的研究部门主持人时，奥利弗·坦博邀我前去和他谈"一桩要务"，在卢萨卡（Lusaka），是非洲人国民大会那时的总部所在地。我很好奇那桩"要务"是什么。最后我抵达他小小的办公室。他先问了我的健康、我的家人、我在莫桑比克的工作，以及该国的政治情势。我记得一件让我感到很有趣的事情，就是这位当代世界最重要的一名领袖人物竟然一边和我谈话，一边将报纸卷起来打苍蝇。我们终于切入重点。"我们现在有个状况，"他一边说着，一边以敏捷的一击拍去一只苍蝇，"我们俘虏了几个人，我们相信他们是奉南非政府之命而来的，企图消灭我们组织。但我们目前没有任何规范去规定如何对待俘虏。非洲人国民大会的组织宪章只有规定年会、干部选举和政策等等。但对我们该如何处置落入我们手上的人员则未置一词。我们目前不确定该如何填补这个漏洞。"他顿了顿，扫去另一只苍蝇，并以其温文儒雅且深富律师风度的方式补充说道："我很确定要订出一套妥善的规范并不容易。"而我则信心满满地回说："这也不至于太过困难……国际公约对此讲得相当明白：不可刑讯，不可采取非人道、屈辱人性尊严的处置。"他看着我并缓缓地说："我们对俘虏用刑"，面色严峻。我简直不敢相信。非洲人国民大会可是为了争取自由而奋斗的团体，居然对俘虏用刑？

数年后我得知，那些被南非政府派来消灭非洲人国民大会领袖以及阻挠我们行动的特务被俘后，囚禁在非洲人国民大会的安哥拉基地，并受到刑讯。随后非洲人国民大会高层对此展开调查，并证实非洲人国民大会的维安人员确实有对俘虏用刑。维安人员的说法是，捍卫解放运动免于可预期的威胁是其职责所在。现在，奥利弗·坦博把我找来，是要我以法律专家的身份来帮助我们的组织建立与实施一套合宜的行为准则来处理此类状况。而依照坦博一贯的作风，他不会用他的领袖身份来由上对下发布一道命令，谕知全组织哪些行为准则须被遵守。相反的，他请我起草一份守则，并在循正当程序召开的集会中，以合乎民主的方式由组织全体来辩论。

我所面对的任务，是在一个流亡海外的解放运动组织内部建立法治，当时提供我们安身之地的地主国期待我们处理我们自己的法律事务。我最后写出来的作品，无异于一部刑法与刑事诉讼法，并且也考虑到一个流亡海外且成员四散各处的政治组织所面对的迥异情况，而有所特殊设计。在我这一生所写过的法律文字之中，有两份的重要性远超过我的其他著作和判决：一件是我入狱而遭剥夺睡眠的酷刑之后，偷渡出去的简短笔记，而另一件便是这部行为准则。

奥利弗·坦博是个心思非常细腻的人，他认为我们应该审慎考虑一个解放运动组织是否能够运用刑讯来保护自己免于重大危害，这是个攸关重大的道德与哲学难题。同时他也服膺民主原则，因此认为这个问题应该交由全体成员议决，而不是由领导者一人乾纲独断。所以该准则的草案被提供给所有流亡海外的成员（以及部分在南非从事地下工作的成员）以预先讨论，以便各支部可以对相关问题表明立场。接着，各支部的看法被整理出来，并提供给会议代表。

我对这场辩论记忆鲜明。这部行为准则在会议上获得压倒性的支持。对于它把侵害组织的犯罪分为三类，并依其类别而分别制定调查程序与处分规则，与会者皆感到相当满意。这种层级化的设计，是针对三种类别的行为人：仅在支部集会时扰乱秩序者，酒醉驾驶或犯下伤害、窃盗、虐待妇女等罪者，以及受派潜入组织内部企图谋杀干部与瘫痪组织运作者。我们设置了与法院相仿的审判机构来处理第二和第三种类别的案件，职权独立的司法官、负责起诉的检察官、辩护律师、上诉权一应俱全。在会议上，毋庸置疑地可以发现，与会者都非常同意在组织内建置合宜的司法体制。

不过，另外有个问题特别的棘手，而且奥利弗·坦博认为该会议势必不可回避这个问题。这便是，这部行为准则是否该在极端严峻的状况发生时，破例允许“极端讯问方法”。“民族之矛”的年轻战士一位接着一位上台发言，对此表达他们的看法：绝对不允许。他们表示，从你允许例外或豁免的那一刻开始，非洲人国民大会的保安部门便会以它来瓦解禁止刑讯的原则。他们坚持一定要有清楚明确的规定，在所有的情况下，无条件禁止刑讯，不管我们赋予它多么委婉或动听的名称。他们没有像某些学者那样耐心地做理性的探究，讨论在何时、何处可以划出一条界线。可不可以将人刑讯致死，如果有一颗炸弹正在倒数计时？可不可以对囚犯使用电击、水刑[1]，或睡眠剥

[1] 将受虐者的脸部用毛巾蒙住并且洒水，让受虐者以为自己即将溺水而死，因窒息感而产生心理恐慌。

夺？年轻的战士——以及没那么年轻的律师——斩钉截铁地表明了我们是什么样的人、我们是为何而奋斗，以及我们的道德和核心价值为何。亲身的经历告诉他们，刑讯不但剥夺了受刑人的人格，也让刑讯者自己失去人性，刑讯将他们的朋友，那些和他们一起放弃学业和大学并投笔从戎的伙伴，变成禽兽。为了和禽兽交手，他们让自己落入禽兽的状态，即使只是刹那间的事而已。发言者立场坚定。他们无法参与一个允许刑讯的组织。这点不容妥协。

此时此刻对我来说委实非比寻常。我们漂泊海外，处境艰险，对抗一群火力强大、组织严密并且残酷无情的敌人。任何时候，我们都可能因为一场特遣队的伏击或一颗从天而降的炸弹而身首异处。我们许多的朋友都被刑讯致死或遭到暗杀身亡。但是，我记得一位年轻的战士走向麦克风说道："我们是为了生命而奋战的——我们怎么可以伤害生命呢？"他所说的生命不只是指生物性的活着，他所说的生命也包括了一种人格、人性尊严的展现。这份精神是我们得以在这场对抗不公不义的抗争中保持斗志与活力的泉源，我们岂可违背、离弃它呢？听着这些话，我的内心澎湃激荡不已。这不但呼应了就我所知是奥利弗·坦博深信不疑的信念，也符合我认为是不证自明的公理，同时也体现了反抗运动的核心精神，是它使我们的成员能承受这坚苦的奋斗所带来的颠沛流离，并使我们彼此紧密相连。

而且这也与国际法得来不易的原则完全一致。

查阅今天的国际法，我没看到有哪个地方承认只要有倒数计时中的炸弹就可以暂时把《禁止酷刑公约》（Torture Convention）晾在一旁。刑讯就是刑讯，就是刑讯。你去到阿根廷，刑讯就是刑讯。你去到智利，刑讯就是刑讯。在这些国家，一整个世代的人受到刑讯，他们有切身之痛。他们亲身经历过它，对他们而言，刑讯这个难以释怀的历史创伤，仍然像恶灵一般纠缠着这个民族的灵魂，他们不可能轻易将之淡化为想象中的推理问题，像算账一样毫无感情地计算其利益与损失。

我现在来谈一个常常在讨论恐怖主义时忽略的主题，亦即，国家恐怖主义。比起“非正规团体”，国家恐怖主义所重伤、灭绝、屠戮和谋杀的人远远超过前者许多。国家除了一般所具有的可以杀害、中伤、刑讯和折磨人的权力之外，也同时因为掌控媒体而能恐吓那些本欲挺身而出的证人，使得众人对国家一切的为非作歹噤若寒蝉，从而使自己得以逍遥法外。我并未参与武装抗争。我的职责是当律师和写作，以及（后来）在欧洲及美国推动终结南非种族隔离。然而，武装冲突与国家恐怖主义主动找上了我——南非的特务来到莫桑比克，在我的汽车上装设炸弹。我幸而未死。但收到邮包炸弹的露丝·福斯特（Ruth First）则不幸殒没，她当时在位于马普托的蒙德拉内大学[1]的非洲研究中心任职。马普托墓园葬满了被南非特务谋杀的人。我们身边已经死了好多人，所以当我在马普托中央医院里暂时苏醒过来时，我感到胜利的喜悦。我活下来了。作为一名自由斗士，你每天都会猜想这一刻什么时候会到来，会是今天吗？会是今晚吗？会是明天吗？我在面对它的时候能保持勇敢吗？它真的到来了，而我活了下来，活了下来，活了下来。基于一种深切的信念，我知道只要我能康复，我的国家也将会康复。

而这个盼望果不其然地成真了，我们也终于设置了“真相与和

[1] 马普托（Maputo）是莫桑比克首都与最大城市，当地的蒙德拉内大学（Eduardo Mondlane University）是该国最大、最古老的大学，其名是为了纪念成立莫桑比克解放阵线（Mozambican Liberation Front）的人类学者爱德华多·蒙德拉内。

解委员会”，处理种族隔离期间所发生的暗杀与刑讯事件。该委员会带给南非人相当大的震撼。我们借此听到了许多的故事，而许多的细节都因此公之于世。重要的并不是事实、数据、记录，甚至不是结果。重要的是看到受害者们的面孔、听到他们的声音、目睹他们的泪水，以及看着凶手痛哭流涕着承认暴行，并寻求原谅。这是大家掏心挖肺、坦诚相对的一刻。这些是我们的同胞，而非陌生且被贴标签的个体，诸如：“仇敌”、“刑讯者”及“国安警察”。这是某某警官。这是某某女士，述说她看到她的儿子回到家里，头发褪落，而被下毒的身体日渐枯槁。这就像一场举国投入的戏剧，生动地上演着，我们每个人都参与其中。

有个有重大象征意义的插曲格外让人难忘。那是一场发生在两人之间的对话：非洲人国民大会武装部队的托尼 · 杨格尼（Tony Yengeni），以及本塞因（Benzien）警官，他曾刑讯前者，而现在他乞求赦免。我们在电视上看到，托尼要求本塞因警官对委员会示范他当初是如何将浸湿的帆布袋套在囚犯头上。“示范给委员会看你当初是如何让我们窒息，害我们以为自己溺水、以为自己即将窒息而死。”于是委员会请一个人平躺在地板上，一个布袋套在他头上。“请示范给我们看，你当初是如何固定那个布袋——还有你绑住它多久。”本塞因警官跪在地上把那个布袋固定住，并持续一阵子。在他站起身后，托尼对他问道：“你可以解释给我们听，为什么人能够对人做出这种事情？”这位警官接着便哭了起来。此人曾经手握生杀大权，威胁恐吓了许多人，如今竟然当庭落泪。他的两眼浮肿、双颊通红、泪下如雨。他过去曾是国家的刽子手，双手可能夺去好多人的生命，如今我们却眼睁睁地看着他泣不成声，但他的流泪不是因为受到严刑峻罚，而是被问了一个简简单单的问题：为什么人能够对人做出这种事情?

而某种程度上这成了委员会所面对的主要问题:为什么一群人可以对另一群人做出这种事情?想到这个问题总不免让人感到惊骇与不可思议。这样的行为威胁到我们社会的基本价值判断。这并非仅是计算某项国家政策的利弊得失,在各个利害关系之间做权衡轻重。此事攸关我们是什么样的一群人。我们关怀什么?我们的国家是怎么样的一个国家?我们有羞耻心吗?若有,那什么样的事情会让我们感到羞耻呢?而所有的证据与反省都指向一个确切的结论,即绝不可重蹈覆辙。不管你是什么人,不管你的动机是什么,不管你带着什么样的使命,有些事情就不该是人类对人类彼此相加的。或许在整个真相与和解的听证中,最让人永志不忘的场景就是那位过去的施暴者流泪的画面。

本塞因警官得到了赦免。他坦白揭露真相。假设我们可以找到必要的证据将成千上万如他这样的人定罪,并通通关进监狱里,对我们来说反而所获有限。但若民主能在南非落地生根,我写道,那么代表纯洁和殉道的玫瑰与百合花将从我的断臂上开出。而这就是我温柔的复仇。温柔的复仇是强而有力的。我在被监禁时所立下的誓言,现在终于实现了,但不是在意识形态斗争上击败对方,而是升华为一套哲学与情感的圭臬,勾勒出我心中的理想人格、我想要生活于其中的理想国家,以及我愿意奉行恪守的理想宪法。

故事继续下去。我后来成为宪法法院法官,披上绿色的法袍,和其他十位法官一同列席法院,思索恐怖主义对我们的新宪法秩序所拥戴的核心价值有何影响。在我这些同事之中,至少有一半的人大半生都被视为恐怖分子,而另一半则是恐怖分子的辩护人。我的许多同事都曾忍辱含垢而活,不仅是因为三餐不得温饱而已,更因为由于他们不是白种人而被羞辱、歧视。现任的南非首席法官有次和我开着车经过一栋位在德班（Durban）的建筑，他以嘲谑的口吻对我回忆一件陈年往事，说他还是一名十六岁的少年时，他曾在那栋建筑前面被迫和其他人排成一列、脱光衣物，并被人用消防水管喷水清洗身体、接受身体检查，完毕后才准予“通行”。他当时还是个少年，对这种事可以过了就算了，人生就是这样子，但他无法置若罔闻的是，许多比他父亲还要年长的男人也受到这样的待遇。我另一位同事在罗本岛的监狱里关了十年。其他至少有两位，我确定，曾冒着生命危险从事地下工作。另一方面，也有人拥有非常不同的生命历程，尽管这让他们能过着品尝佳肴美酒、收藏珍本古书的生活，他们同时也始终是义无反顾、毫不妥协地反对种族隔离的律师。法官们背景各有不同，但无论我们的生活与专业经历有何差异，我们所有的人都全心全意地拥护宪法。更准确地说，我们全都发自肺腑地服膺这部没有种族与性别偏见的宪法，矢志献身于捍卫以人性尊严、平等、自由为基础的开放及民主社会。

就我而言，我确信倘若我们没有在1980年代或更早之前，牢牢确立我们对于许多问题的原则与立场，包括真正的“敌人”是谁、什么样的反抗手段是合法的、刑讯该如何被禁止，我们今天将不会成就这部被许多人认为是举世最进步的宪法。在我们的反抗运动中，我们将人权法案的精神付诸行动，透过实践来表明我们誓死维护自己作为自由斗士的荣誉和尊严，并再三重申这场抗战所坚持的正义原则。因此，之后南非在转型为一个遵从自由与宪法秩序的社会时，这些原则就相对容易被落实、接受。我们的宪法从而与我们反抗运动的指导原则有着深厚的渊源。我们的宪法是我们以极大的耐心尽可能地广纳社会各界的意见，在自己的土地上胼手胝足打造的。而它字斟句酌的条文则是经过了六年国会内外激烈的协商，并由宪法法院依据众所同意的原则加以审查后，才公布实施，从而成为我们在处理许多当代的棘手问题时可资依循的重要工具。

其中之一是世界上许多国家的法院都曾被要求处理的议题。那便是倘若被告所犯的是穷凶极恶的罪行，其人是否有权受惠于其罪行所欲破坏的法律秩序，并获得基本权利的保障？宪法法院审理的四件案子便是环绕着这个问题。

第一件案子牵涉到建立“真相与和解委员会”的一项法条的合宪性。那项条文规定，倘若当事人愿意完整地交代他或她在政治冲突期间所犯下的罪刑，则他或她不但可以得到赦免而免受刑事追诉，同时也免于民事求偿责任。但有人质疑，免于民事责任的规定侵害到个人可透过公正审判解决纷争的宪法权利。这是十分有力的挑战，但最后不为法院所采纳。我们的见解是，宪法本文在结语里非常清楚地宣布国会可以制定此类保障的规定。在一份格外鞭辟入里的判决书里，当时担任宪法法院副院长而后转任南非首席大法官的伊斯梅尔·马霍麦德（Ismail Mahomed）说到，真相的厘清以及迈向和解所不可或缺的必需基础，证明了立法者在处理过去的暴行上所采取的决定是正当的。

第二件案子的当事人是穆罕默德（Mohamed）先生，被控为美国驻坦桑尼亚大使馆爆炸案的共犯。这是一桩非常非常令人发指的行动，夺走了六十条人命，一些是美国人，更多是坦桑尼亚人。这毫无疑问是恐怖主义，不只造成大量平民死伤，也因为是对国际外交机构下手而直接挑战了国际法的原则。在爆炸案发后，穆罕默德先生化名并冒充成难民南下到开普敦。美国联邦调查局发现他的行踪，而南非的主管机关没有给他任何机会求助律师，便把他移交给美方，使他在美国被起诉求处死刑。

我们的法院对此做出意见一致的判决。判决指出，主管机关让穆罕默德先生被送到纽约受审，为这桩可怕的罪行承担责任，自然是法律所允许的。但法院认为，本案在两个方面对他宪法权利的保障有所不足。第一，在他落网后，我国政府拒绝提供他任何法律协助，无论如何都是站不住脚的——被起诉的罪名越严重，就越需要律师协助。第二，而且更重要的是，在未获得美方保证不会在他被判有罪确定之后就予以处死的情况下，他不该被移交给对方。早在我们所受理的第一件案子里，我们便主张死刑侵害了人所应得的尊严与免受残酷、非人性或羞辱式刑罚的权利。

批评者可能会怀疑，对高枕无忧地坐在约翰内斯堡法庭上、遥距恐怖主义现场十万八千里的法官们来说，宣读这些冠冕堂皇、四平八稳的判决，但却远离现实的话实在太轻松了。然而事实上，爆炸案在当时的开普敦此起彼落，那正是我住的城市。恐怖主义正是我们所必须面对的重大课题。一位警官和地方法院法官接连遇害，而凶手被认为是一个宗教激进主义组织。它对我们构成实实在在的威胁。但尽管我们生活在这种被焦虑和恐惧包围的艰难处境下，我们并不允许它影响到我们的判决。有很多声音冒出来，呼吁恢复许可无须审判之拘禁，但我们的国家没有因此慌了手脚。杀人犯、爆破犯，都是经由警方得当的情资搜集、组织渗透，以及预备周详的起诉而伏法。他们最后之所以纷纷落网，是因为他们在政治上都被孤立，失去原本根据地的支持。当他们变得越孤立的时候，要说服人们提供关于他们活动的情报就越加容易，而他们就越发难以找到合作的对象以及安全的藏身处。而现在已过了十年，这些活动已不再出现，而我们的宪法仍旧安然无恙。

第三件案子是审判一宗企图大规模杀人的阴谋。被告是沃特·贝森（Wouter Basson）医师，被报纸称为“死神医师”。贝森医师是著名的心脏内科专家，在种族隔离期间的最后几年，他主持南非军队的细菌与化学战计划。在民主肇始后，他被控诈欺及阴谋杀人而受审。一审法官不采信对被告所有的诈欺指控，并且不受理对本案最严重的控诉，即被告在南非境内偷偷研发一种毒物，并在纳米比亚对“西南非洲人民组织”（South West African People's Organization）大约两百名的成员施用，先将他们迷昏再用小飞机载去海上抛弃，让他们在汪洋中溺毙并葬身鲨鱼之腹。法官认为，依据南非法律，共谋在境外杀人，是无罪名可审理的。

此事在南非国内外都引起广大的关注，在国内尤其群情激愤。对我们来说，问题则很单纯，即本案有没有需要宪法法庭来审议的宪法争点。我另外写就一份不同意见书，强调此案对国际人道主义法这个古老原则的破坏事关重大，该原则已经在日内瓦公约之中明确规定，并被奉为国际法惯例的一部分，而且也是南非宪法所要求遵守的。我接着详细地交代那些严重违反战争法的重罪有何特质。不过在阐明这些要点后，我的判决意见转而强调，无论贝森医师被控犯下的罪刑是如何的严重，都不该使他应受公正审判的权利受到一丝一毫的减损。我写道，他被控犯下的种种骇人听闻的罪行，恰好凸显了公正审判的必要性。当被指控的犯罪行为所危害的是法治与国际法的根本原则时，便正是法治的原则最需要被恪遵的时刻。如此一来，你不仅仅是让罪犯为自己的罪行负起责任而已。你同时也进一步巩固了当事人所被控企图破坏的规范和原则。唯有借由援用法治的精神，而非违背它，你才能真正捍卫法治。

第四件案子涉及一群策划在非洲某处发动恐怖攻击的南非人。

约莫六十名南非人，据称是一队正前往赤道几内亚意图策动血腥政变的佣兵团，他们的飞机在哈拉雷[1]降落以领取装备，而他们在那里被查获，遭逮捕监禁。他们的妻子、情人和双亲便急迫地向宪法法院提出申请，要求我们援引南非人权法案对此进行干涉，让他们免于在津巴布韦受到刑讯以及免于被移送到赤道几内亚遭到进一步的酷刑，并很可能在不公正的审判后被处决。本案为国内法律与国际法之间的关系带来许多复杂而新奇的问题。但我们可不能好整以暇地做详尽的研究——倘若人都已经被严刑拷打也被处死之后，我们才宣读我们思虑周详的判决，那又有什么用呢？所以我们在法院的休会期间紧急开庭听取辩论。佣兵对过去非洲所发生的许多残酷暴行都难辞其咎；拿钱杀人的他们简直就是法治的敌人的化身。但当佣兵的家人静静地相依坐在法庭里头，恭敬地聆听那些建立在人权原理上的深奥辩论，尽管这些原理被他们的另一半或子女所蔑视，这幅景象也确实令人鼻酸。

我们的决定是，南非政府有义务认真地看待家属们的请求，并在其能力所及的范围内（在它认为合适的时机透过它认为合适的方法）尽可能地保证南非公民在海外（无论他们原先计划图谋什么）免于不公正的审判与刑讯。我们几位法官分别写就各自的判决意见，在若干部分彼此意见相左。但我们一致认为，若国际法所保障的人权受到重大侵害，则政府负有法律义务，在法院的督促下，穷尽一切外交上的可能方法来加以干涉。

在辩论的阶段里，我一度略嫌冒失地对家属们的诉讼代理人说道，人若冒险进到狮穴，那他在遇到狮子时便也没什么好惊诧的。

[1] 哈拉雷（Harare），津巴布韦首都，也是该国最大的城市。

媒体挑了这段话来报道，甚至还有借此发挥的漫画。和诉讼代理人的针锋相对是法律程序中艰巨的一环，但也是取得真相所不可或缺的。不过我们法官在最后需要对众人交代负责的，是我们的判决，而非我们在过程中问的问题。

要去分析法院判决到底对真实的历史事件有什么影响是不容易的。实质的影响很可能在于司法诉讼使得该事件受到更多的公众关注，而在审判过程中被提出的证据与观点很可能比判决本身对公共生活有更大的影响力。但不管法庭上的交相攻防如何尖锐、冗长，这总是远胜过发射子弹。将我们这个时代的烫手难题交由司法机关来审理，以公开透明的方式根据国际公认的公平与正义价值来进行，便是在我们与佣兵团与暴力（无论是替政府效力的还是反政府的）之间划下了一条泾渭分明、不可逾越的界线。它以务实的做法应对迫切的问题，同时协调三个国家的政府、法院和执法部门，彼此面对并审慎地思考国际法赋予他们的权利和义务。它也再次向南非的社会大众宣示，在我们这个宪政民主国家里，一切的国家权力都必须在宪法的规范下行使。它指出了这个与我们休戚与共的国家的核心价值，也说明了坚持原则和理性辩论的重要性。它证明我们业已摆脱威权主义，并迈向以法律以及法律保障下的说理与权利为尊的文化。

世界各国的法官们想必都会因为我们这个时代的重重危机而头痛不已。作为一名法官，或就算只是一个平凡人，只是人类大家庭的一员，要对这些危机无动于衷也是不可能的。然而，在这个时代我以作为一名法官为傲，不仅仅因为我是南非这个拥有进步宪法的国家的法官，更因为我属于一个坚信基本人权与自由的跨国法律人社群的一分子。当美国联邦最高法院对关塔那摩湾（Guantanamo

Bay）监狱的问题展现出我认为是坚定且周到妥切的立场时，那便让全世界的律师都感到与有荣焉。同样令人振奋的时刻还有，英国上议院司法委员会的同侪对刑讯以及自由社会的本质表达出同样坚定且明智的立场。当考验来到时，若我们作为法官却未能透过判决宣扬我们国家所拥戴的核心价值，那便会是我们的失职。而当我看到许多遍布各地的法律同侪，尽管他们国家的宪法不如南非的完备，依旧致力于守护一个开放且民主的社会的精神，认真严肃推动其实现，而非仅仅只是高谈阔论、哗众取宠，那么此时的我不仅因为身为一个法官而感到骄傲，更在艰巨的挑战当中看见蓬勃滋长的希望。我们将见证到林肯所说的，那股保护吾人心中“善良天使”[1]的智慧与道德力量。

[1] 典故出自林肯首任就职演说词：“我们不是敌人，而是朋友。我们一定不要成仇敌。我们友情的纽带，或会因情绪激动而绷紧，但绝不可折断。那种不可思议的回忆之弦，从每个战场和爱国志士的坟墓，伸展到这片辽阔土地上每一颗充满活力的心房和家庭，它一经我们本性中的善良天使再度（而且一定会）拨动，终将重新奏出响亮的联邦之曲。”（数据源：美国数据中心网站：http://www.americancorner.org.tw/）

[判例一]

阿扎尼亚人民组织案——疗愈与和解的开始

许多在种族隔离时代犯下暴行的加害者纷纷向真相与和解委员会坦承他们的恶行，而真相与和解委员会也保护他们免受被害者的控诉。然而，本案的关键在于，真和会这么做是否有违宪的嫌疑？南非的真和会在全世界都受到推崇，因为它树立了一个国家得以用非复仇的方式疗愈过去历史伤口的典范。然而，也有批评者认为，真和会让过去的加害者得以不必为罪行负责，这在道德上是无法接受的。如今，阿扎尼亚人民组织（The Azanian People's Organization，简称 AZAPO）与受害者家属联合起来，质疑授予真和会权力的法律违宪，该条文不仅能让施虐与暗杀的凶手免受刑事起诉，还保护他们免于民事责任。宪法法院否决了他们的挑战，因为临时宪法（Interim Constitution）的结语当中已明言表示应对那些人提供全面性特赦，以换取他们提供有关过去的真相。以下的文章摘录自伊斯梅尔·马霍麦德的判决，他当时是宪法法院副院长，后来还成为南非第一位黑人首席大法官。文中呈现出宪法起草者们责无旁贷需要面对的艰难选择。

马霍麦德副院长：

任何有良知的人若是知道曾犯下邪恶暴行的人可以自由自在地走在这片土地之上，因特赦保护而不受合法的追究，免于罪责，都会觉得如坐针毡。然而对于这件事的来龙去脉我们需要有更深入的理解。在那些惨绝人寰的暴行发生时，无论是当时的法律还是习惯文化都不易于我们的公开调查、定罪与矫治。当时的法律是允许对人的囚禁与侦查的，其习惯文化也如出一辙。在这段令人感到羞耻的时期，很多事情都被掩盖、粉饰，因此我们很难挖掘真相。许多人的至亲至爱忽然谜一般地消失得无影无踪，大多生死未卜。其他有些人是自由被剥夺、人格遭践踏，名誉在水火不容的冲突当中因为彼此抹黑而遭严重的侮蔑。不管是善良的老百姓还是穷凶极恶之人，都可能是受害者。

在集权主义与缺乏公开信息的文化当中，真相被隐匿在历史的微小隙缝当中。档案被封锁，证人不是无处可寻、已经死了，就是不能或不愿意出来作证。唯一还有迹可循的就是悲痛不已的幸存者对往生者的记忆，然而，在严格的法律检验之下，这些记忆往往无法转换成客观、可靠的证据。《真相与和解法》(The Truth and Reconciliation Act) 的目的就是希望能解决这个难题，它鼓励那些曾经被虐待、折磨、重伤、杀害的受害者家属或幸存者将他们的悲与痛向大众讲述，好让这个新国家的人民都知道他们曾经做错什么，而更重要的是用集体的力量帮助他们挖掘他们的亲人究竟怎么了？他们人在哪里？发生了什么事？谁需要负责？真相，受苦受难的人亟需知道的真相，在这种情况下只有当那些犯下禽兽般暴行的人知道他们若是全盘揭露真相就不会接受处罚，才更有可能昭彰于世。这么做并不表示那些加害者本不应受罚，他们应该的。

若没有赦免的保障，就没有鼓励人们坦白从宽、交代案情的诱因，受害者殷切期盼的真相大概就会石沉大海。有了这个诱因，我们才有可能获得新宪法能够良好运作所必需之条件。受害者家属将获得大力帮助以挖掘真相；加害者将有机会卸下纠缠他们多年的良心不安与罪恶感以重新做人；国家将得以开展治疗过去历史伤痛的漫长旅程，消弭愤怒、伤痛与结构性的积习以追求"和解与重建"，而这正是临时宪法之结语在历经艰难与痛苦的挣扎之后决定要保障之特赦的由来。

换个角度来看，如果不提供特赦，固然我们确保了对特定人士进行起诉的法律权利，但我们也无充分证据能保证诉讼会成功，而许多受害者家属将永远无法知道他们的挚爱究竟发生了什么事，他们对真相的渴望将永远无法被满足，他们的恨与痛将跟随他们一辈子，而元凶也许能继续逍遥法外，但恐惧、罪恶感、彷徨无助，甚至惊恐不安，将永远纠缠着他们的良知，让他们无法成为这个新国度里一个活泼有力、健康成熟的公民。

该法所构思的特赦并非地毯式的、毫无区别的授予所有人，那将形同于一种强制性的法律失忆症。特赦的授予必须是为了能对促进民主政治有建设性的作用，只有当特赦委员会（Amnesty Committee）收到完整的事实揭露之后，才会授予特赦。或者是该罪行发生在上述历史时期之中，而且是在过去的对立冲突当中有政治目的的行为，才能被赦免。

制宪者的选择是为了让国会能够促进"社会的重建"，其过程中有个重要的概念叫做"修复"。为了达到修复的目的，国家在思考各个冲突的利益的同时，也会考虑那些在过去非常时期中，基本人权受到侵害的受害者与家属的"被忽视的痛"。

根据立法者的判断，不提供特赦不是一个好的选择。提供特赦，根据我的看法，也没有违宪问题。

［判例二］

穆罕默德案——政府必须作为尊重人权的榜样

一个人被我国政府遣送到美国接受恐怖主义的控诉，但事先却没有获得美国政府保证，就算他罪刑定谳也不会被处死。这样的做法合乎我们的宪法吗？

判决是以宪法法院的名义完成的。

宪法法院：

穆罕默德用化名与假护照入境南非。他为了申请政治庇护，用假信息来证明他的资格，并在申请期间获得临时签证以暂时在南非停留。这些因素成了南非政府遣送他出境的原因。然而，故事还没完，真正的关键在于穆罕默德取得临时签证之后发生的事。美国联邦调查局发现他是美国驻坦桑尼亚大使馆爆炸案的嫌疑犯，因此发出国际拘捕令，并与南非移民局在一场联合行动中逮到他。两天之后，在违反法令的情况下，南非当局将他送交给联邦调查局，好让他在美国接受大使馆爆炸案的审判。他一到美国就被与爆炸案相关的各种罪名起诉，而且法院告诉他，若是罪行确立他会被判死刑。南非当局与美国联邦调查局在磋商将穆罕默德移交美国政府的时候，必定也知道他有被判死刑的可能性。

另外一个嫌疑犯，马赫穆德·萨利姆（Mahmoud Mahmud Salim）也被怀疑涉嫌参与爆炸案，于是从德国被引渡至美国。

德国已经废除死刑了，同时也是《欧洲人权公约》(European Convention on Human Rights）的签署国。德国政府于是与美国交涉，要求美国政府保证就算萨林被定罪也不会被判死刑。对已经废除死刑的国家来说，这样的做法才合理。

既然我国矢志要以人权为重，我们就必须对人的性命与尊严予以加倍重视，国家在任何行为上也都须以此为念。但是，我国移民当局在将穆罕默德移交美国时，未能确保他不会被判处死刑，算是置穆罕默德的生命权于不顾。他该有的人性尊严被尊重、被保护的权利，以及他该有的不受残酷、非人道、羞辱式惩罚的权利，也都被忽略。

（宪法法院特别强调人权法案所要求于国家的积极义务，即“保护、促进，并实现人权法案所举出的权利”。接着继续指出：）南非政府与外国政府合作，将一个逃犯移往另一国，但这个逃犯既不是该国国民，而且除了将在该国接受可能被判死刑的审理之外与该国也无任何关系，这么做是与我国宪法的根本原则相悖的。政府未能克尽保障每一个南非人生命权的义务，也背弃了隐含在宪法中的承诺，即南非不会施以残酷、非人道、羞辱式的惩罚……

将穆罕默德交给美国政府代表来处理遣送至美国的事宜是违法的。这是一个重大的判决。南非是一个年轻的民主国家，因此仍在摸索如何最能实现宪法推崇的价值与理想。因此，国家以身作则非常重要。美国大法官路易斯·布兰戴斯（Louis Brandeis）在奥姆史戴等人对美国（Olmstead et al. v United States）一案中，把这个原则说得最好：“在法治国家中，若政府不能兢兢业业地遵守法律，政府的存续就要岌岌可危……政府是强大且无所不在的导师。无论是好是坏，它都是所有人的榜样……如果政府自己带头犯法，人民就会轻蔑法律；它告诉每个人都可以为自己制定法律；它将导致无政府状态。”这个警告来自一个遥远的时空环境，但实在是放诸四海皆准之至论。特别是对我国而言更是有切身的关系：在过去的历史中我们看到国家为了自己的目的将法律扭曲，而在今天，我们有可能为了打击犯罪而采取可议的手段。在面对想要摧毁政府的组织性暴力时，这个警告更需铭记于心。国家的非法行为不仅不能强化宪法秩序的正当性，反而会削弱它。在本案中，南非政府代表的两项作为有悖于宪法，其一是没有确保穆罕默德不会被判死刑就将他交出去；其二是在他没有清楚意识到自己的权利，甚至被剥夺获得法律咨询权的状况下，利用他的同意。

[判例三]

贝森案——利用国家权力非法害人，是对人性莫大的戕害

前南非生物与化学作战计划主持人贝森被控共谋杀人的案子被法院撤销。这样的判决是否有合宪性争议是本文的核心。我的同事认为的确有争议，我也另外写了一份判决支持他们的观点，于是宪法法院有权审理该案。

萨克斯大法官：

南非从过去一个严重破坏国际人道法案的国家，转型为提供人权宪法保障的国家，这个过程有复杂的历史与法律背景。要厘清本案，首先需要了解这个背景。在其他案件中可能只是如何诠释法条或法院上诉之权力的技术性问题，但在面对战犯时，就上升到了宪法层次。

暗中利用国家权力来杀害、处决敌人，是对平等、人性尊严、自由等原则的莫大戕害，莫此为甚。因此，若是司法权的作为会直接阻碍国家为这样的行为负责，那自然属于宪法秩序的核心问题。而当涉及的罪恶已经不只是一般的国家犯罪，而是战犯，就更是宪法非关心不可的事了。

正是出于以上考虑，临时宪法要求成立真相与和解委员会。它的目的是在过去与现在之间搭一座桥，并企图在公共利益与私人利益之间达到平衡。被告并没有诉诸真和会。于是我们也只好以一

般的法律与条文解读来处理这个案子，并时时参照宪法的规范与精神。在本案中，我相信法院之撤销告诉，以及后续导致的最高上诉法院（Supreme Court of Appeal）拒绝接受上诉，都影响了宪法所期待的法律秩序，特别是在这种有战犯牵涉其中的案子里。它们直接触及我们民主宪政的核心价值。以上正是我们眼前的案子的关键问题，换句话说，上诉申请中的争议的确是宪法问题。

必须强调的是，以上所言种种皆不表示因为事涉战犯，宪法保护被告接受公平审判的权利就应该被打折扣。正因面对案情如此重大的指控，而维持法治的宪政精神又是本案所需捍卫的价值，审理与起诉工作的进行都应该严格、谨慎地尊重基本宪法权利保障。对战犯做出妥当的处置，与被告接受公平审判的权利，两者之间没有冲突。相反的，它们都源自共同的宪法与人道基础，也就是坚持法治与捍卫人性尊严、平等与自由等原则的需求。

[判例四]

关达案——我们的立国精神就是基本人权

本案的争议在于南非政府有没有法律义务提供保护给予在津巴布韦被捕，以及可能在赤道几内亚被刑讯、处决的南非佣兵。有些大法官坚决认为政府有此义务，我也在协同意见书中撰文支持。我指出，南非宪法已经明订国家安全的首要原则之一就是“为实践和平共处，禁止南非公民参与任何未经宪法或立法同意的武装冲突，不论是国内的或国外的”。

萨克斯大法官：

阴谋透过武装政变推翻政府的佣兵严重地违反以上原则。政府有绝对的责任予以制裁，尤其是当这些佣兵滋生于南非的土壤时。

另一方面，南非宪法第一九九条是这么说的：“国家安全单位的行动，以及对其成员的训练与要求，都应该遵守宪法与法律，包括对共和国有约束力的国际法惯例以及国际公约。”此条文强调的是，即使国家遭逢了极严峻的威胁，都不能因为有冠冕堂皇的理由而采取卑劣的手段……

宪法的价值与国际法推崇的人权原则是相辅相成、唇齿相依的。南非当初得以终结种族隔离政策，国际社会与团体的帮助以及他们信奉的基本人权价值厥功甚伟。今天如果我们反过来认为，针对那些帮助这个国家诞生的根本价值，我国政府可以选择要不要遵守但没有必定得遵守的义务，并根据此前提来解读我们的宪法，那是十分荒唐的。

根据我的看法，南非政府有明确且不容推托的责任去帮助海外的南非人，无论被控的罪行如何重大，都不受刑讯、不公平审判以及死刑的对待。另一方面，至于如何才能提供最妥切的外交援助，政府应该享有充分的选择空间。

我们后来从媒体上得知，在津巴布韦的那些申诉人每人都被判大约一年有期徒刑，只有首谋被判七年；而在赤道几内亚的申诉人则几乎都被确立阴谋推翻政府的罪名，且尽管检察官要求判死刑，他们都只被判徒刑，最长的达三十四年。

第二章

我的每则判决都是谎言

> 法律相当倚赖神秘。正义的本质本身蕴藏着崇高的道德与历史面向。法治、基本权利、司法独立等观念具有崇高、神圣的地位，并吸引人们前仆后继地追随它。

“我写过的每则判决都是谎言。”这是几年前我在多伦多大学演讲的开场白，这话惊醒了许多打瞌睡的听众。我想告诉听众的是，法官在做判决时并不是不带一丝感情地把法律条文按照逻辑顺序理性地堆砌在一起就好。现在，也许我可以稍微调整一下这句话的重点：“我写过的每则判决都透露了一个自相矛盾的谎言。”

身为宪法法院的新成员，每当第一眼看到我所写的判决印制完成时，我心里总是微笑者。判决以一种条理井然、概念清晰、层次分明的叙述方式交代事情。一开始会先说本案争点，接着是该案过去的诉讼过程及特别需要本院解决的事项。接着，它会列出相关的法律原则，将这些原则套用在本案事实之上，最后得出合适的结论。这是一个单纯按表操课的过程，像钟表运行时的滴答声一样，“滴”总是在“答”之前出现。然而实际上，“答”经常比“滴”早出现。事实上，在写作判决词时，我最后落笔的一句话经常变成是判决的开头，用来勾勒出本案的重点所在。

我的判决事实上都是从残缺甚至是混乱的心灵状态开始，这和最终呈现的判决中清晰明了的表达方式可说是大异其趣。判决中的形式逻辑其实都无可避免地掺杂了大量灵光乍现的直觉判断，以及自由奔放、飘移不定的感性元素。有许多次我对判决中那种完全平静，甚至是平淡、冷漠的文字几乎感到愤怒，因为它未能呈现判决过程中出现的热情与激烈的论辩。

我从自身经验学到，法律文书的撰写绝非易事，其主要工作也不是把纯粹的、理性的法律观念与前进的思想结合，然后就能自动抵达完美的逻辑终点。虽然内在的理性是必要的，但这不是全部。判决书的撰拟就像是一趟旅程，始于最具尝试性的大胆想法，经过彻底的怀疑和论辩，最终排除所有的可能错误，获致经得起考验的结论。那些偏颇的甚至是完全错误的尝试则被隐藏了。我曾经对于撰写判决的费心和艰困，感到惊讶不已。

上述的说法并非从法理辩论的角度来进行分析，毋宁是以参与者或观察者的角色，针对我曾经实际经历的过程，提出一些想法。我与个案的第一次接触都是透过阅读当事人提交给宪法法院的诉状。通常我心中对于案件走向会浮现一些直觉反应和暂时的想法。我的助理会准备便条纸，然后我们天马行空的讨论。在那个阶段，我们的主要工作是列出相关的法律问题。接着，在言词辩论的前一晚，我重读诉讼文件，记下我要问律师的问题。开庭时，每当提到某个问题，各种想法和可能的解决方式开始如潮水般涌出，但我会尽力遏制自己不轻易妄下定论。在这个阶段，我还不会要求自己运用特定严格的形式推理程序来思考。我们宪法法院的特色之一就是避免我们被同事的观点过度影响，所以我们在开庭之前并不讨论案情。因此我往往会在言词辩论时，惊艳于其他大法官对诉讼代理人所提出的种种问题：怎么会有这么多我不曾想过的分析角度？而且，经常可见的情形是，套句约翰·弥尔顿（John Milton）的话：我已有的困惑都变得更加混淆。

关于我对法律争点的初步想法通常是“想当然耳”的直觉反应，而非严谨的理性分析，读者并不需要大惊小怪。当一个人会被任命为像南非宪法法院大法官这样的职位时，其直觉已不会是盲目、不专业，或是极为主观的偏见。大法官也不能只是书呆子，或像我过去一样的政治运动参与者，或蹲过监牢，或曾被流放，或是炸弹攻击的受害者。这些生活经历固然在我的生命中占有重要地位，也丰富了我对人世的看法，但只要牵涉到我的法律思维，这些生活经历便会被过滤、转换成一套与时俱进的法律原则，而这是我和其他与我有着完全不同人生历程的人所能共同分享的。

“我写过的每则判决都透露了一个自相矛盾的谎言。”这句话不表示我们应该原谅任何公共生活中的谎言。正如同古希腊人所说“自然界里不容真空”，一个宪政国家也必然拒绝谎言，毫无例外。公开与清白并不只是个人美德，也是同一政体下公民与政府互信的根本基础。所有机关当中最不能说谎、不能造假的，就是司法机构。对于那些轻视司法程序，认为它不过是用虚伪的客观来包装空洞的主观的人，我有一句忠告：人们永远可以怀疑法律的矫揉造作，但绝对不可以对法律可能创造的结果失去信心。

在这里，我只能就我撰写判决的经验来谈。很有可能我的同事们一坐下来就能毫无滞碍地运用理性的论辩法则，像判决所呈现的顺序一样，逐步导出结论。不过，我对此存疑。按照设计原理，宪法法院只处理棘手的争议案件。基本上我们是上诉法院，自己决定是否受理案件，通常会剔除根本不可能胜诉的案件。我们受理各种合理期待下有可能胜诉的上诉案件，他们或许有理由、或许无理由。但他们绝非根本不可能胜诉的案件。就定义而言，我们审理的案件并没有直截了当的答案，大法官们凭良心讲可以选择不同的论理构成来下判决。我们常觉得内心很纠结，我的一位同事很喜欢形容他在做成决定前都像是被“凌迟”一样。说实在的，的确很难想象艰困案件可以简简单单就写出来。

而且，我们也不是一个自满的宪法法院。我们有十一位大法官，进行合议至少必须有八位在场。我们始终都在激荡新的想法，新的解释取径。集体的讨论就像一个大锅炉，在激辩中把我们个人不合宜的主观意见蒸散掉了。每次听到同事们的卓越见解，总是会令我心悦神怡。我们很清楚，我们同时扮演两种角色，一者是作为不分国界、不分时代的法律这一行的传承者，另一者则是在一个既渴望变革也亟需可预测性的国家里，传递崭新宪法思想的推动者。我们每周围着会议桌开会一次、两次、三次，甚至更多，我们随意就坐，接着就开始用一种激烈、有话直说的态度，进行高度专业、审慎的探讨，除了法律人（以及一些教会神职人员）之外，没有人这样的。当我们不断尝试不同的观点时，你几乎可以听到我们大脑运转的声音。会议结束之后，我们寄给同事态度客气但思考锋利的电子邮件。在如此严格的思想交流过程中，我们一开始所抱持的各种主观偏好都将尽可能地包装在专业的法律论述底下。

“我写过的每则判决都透露了一个自相矛盾的谎言。”这句话也不该被解释为我所有的陈述都是不可信的（如此一来我就使自己陷入一个逻辑矛盾，因为这句话本身要求你不要相信它）[1]。这句话的意思仅仅是说，我所撰写的判决在判决汇编或网络上所显现的外观，和真实的思考形成过程之间有巨大的落差。前者只是表象，而后者是一个繁复的规划、创造、解释与形式化的过程。所以，“判决的书写过程就像它所呈现出来的外观一样”，此一预设是错的。所有的彷徨困惑、有时甚至是在某些关键点上的大翻盘，都是在判决书的最终版本中看不到的。所有过程中的交相攻防、反复波折都被抹煞掉了。最后缜密周延的结论是从复杂的过程得来的，但后者却全部被排除在外。简言之，最终的判决形式背叛了其诞生的过程。

结果是一些任教于多伦多大学的政治科学教授解开了这长久以来让我困惑不已的矛盾。多伦多大学安排个别教授每晚邀请访问学者到不同的餐厅用餐，我原本以为这是贴心的安排，让访问学者不必孤单的在旅馆用餐，后来才发现天下真的没有白吃的晚餐：校方安排的晚餐实际上就是研讨会！而且我还发现，当我说明为什么我认为我写的每个判决都是谎言时，政治学教授们的反应一点也不惊慌。“哦，”他们响应，“我们早就知道……这是‘发现的逻辑’（logic of discovery）与‘证立的逻辑’（logic of justification）之间的差异。”照他们的解释，任何科学家都熟知这种差异，好像律师不知道也没什么好大惊小怪的。不论是自然科学或政治学，人们早就知道“发现”是一个特定过程，有着自身的逻辑、自身蕴含的前提，以及因其本质而出现的惊奇。另一方面，“证立”的逻辑，则是基于可受检证的证据以及逻辑推理所导出可重制的结果。证立的结

[1]　如果“我写过的每个判决都是自相矛盾的谎言”是真的，那么这句话本身也是个谎话，换言之，作者有些判决是说真话，这样又推翻了原本的话，因此陷入逻辑上的前后矛盾。

论必须是经由同一方法也可导出的结论。“证立”建立在已经受肯定的确定原理原则之上，而“发现”却是要从确定的事物当中提出不确定的新事物。

在比较成熟的最高法院，法理争议通常不会任意透过新原则的创建来解决，而是根据该法院的判决先例来进行扩张或限缩解释。只有在罕见的状况，才会创造新的原则，带动重大的司法见解进展。然而，以我国而言，宪法法院是新的，宪法也是新的，抑有进者，社会期待我们的宪法法院多去参考各国宪法原理，因此，我们的特色就是不断发展各种创新的原则。我们的主要挑战是为“带来变革的宪法理论”（transformative constitutional jurisprudence）奠下坚实的基础。然而我们这种新设的宪法法院和成熟的最高法院，譬如说和美国联邦最高法院相比，最大的不同在于，我们特别重视各国法院法律推理演进的共通历程。

了解到发现和证立的不同路径之后，我恍然大悟为什么我撰拟判决书的过程如此不安。然而，我在发现（直觉）和证立（逻辑）之间并没有太多选择。证立的含义是，使用特定的、被接受的原则、法规、标准来获致与前述原则、法规、标准一致的结论。一个不能被证立的发现就是不能成立。的确，证立的基础是责任，以及建立在逻辑的绝对性上的原理。因此，一个人不能在直觉——那种基于你的个人生命经验的强烈冲动——和严格的形式化推理之间有太多的选择。

为了严格遵守应有的推理程序，我常常不得不放弃一些最强烈的直觉，放弃我身为法律人具有的敏锐。因此，在关于以刑法禁止卖春和妓院经营是否违反宪法保障自由和隐私权利的问题上，我曾坚定地认为国家有权利规范以性换取酬劳的交易行为，而非将其入罪化。我强烈地相信，企图使用刑法来禁止卖春不只是没有效率，根本就是伪善。正如同肯特里奇爵士[1]这位驰名于约翰内斯堡与伦敦的律师曾经告诉我的，他现在所居住的麦达维尔街在清教徒气氛浓厚的19世纪时以声色场所闻名，英国国会议员会在下班后搭着他们的马车前来寻欢。然而，宪法要求我们在解释人权法案条文时，必须提倡以人性尊严、平等、自由为本的开放民主社会的价值。于是我不得不做大量的研究，了解其他开放民主社会如何以法律处理卖春问题。让我气馁的是，研究结果显示，无论是哪一种处理方式，只有极少数的民主社会采用我最初直觉以为是正确的方式。我被迫重新思考，并接受一个我原本以为最离谱的答案。我所能做的便是指出当国会议员考虑此问题时，可以考虑的方向之一是将卖春除罪化。虽然这观念看似难懂，但唯有除罪化既不至于在法律上承认性交易，也不会以刑法将其入罪，且能够正确地反映社会上存在的分歧意见，并减少执法上的问题。我这个浅陋的法学研究结果都写在乔丹案判决摘录文中。

正是发现与证立之间不同秩序的交互作用，迫使我们这些坐在法官席上的人必须战战兢兢、小心以对（当然也是一种刺激的脑力激荡）。在解决问题的过程中，我们必须殚精竭虑地想方设法，不断变化角度、观点，在发现的逻辑与证立的逻辑之间来回转换。“答”和“滴”两者总不按顺序出现，直到我们有天终于化解了前后的不一致，让原本混乱跳跃的“答滴”、“滴滴滴”、“答答”又恢复成“滴答”、“滴答”、“滴答”。钟表的指针一步接着一步稳稳当当地从

[1] 肯特里奇爵士（Sir Sydney Kentridge），南非出生的英国著名维权律师，曾代表曼德拉等反抗种族隔离政策的异议分子打官司。

六点走到十二点，它的机械设计强迫它永远依循固定的逻辑，然而，我们人类依据脑中奇思幻想与即兴节奏来撰拟判决书。

正是上述古怪的思考与写作习惯，解释了为什么我的判决中最后写的一句话通常恰恰是第一句话："本案的症结在于……"我都是在把冗长的判决看完之后，才写下这句破题的话，唯有在那一刻我才能够概括全案，并找出串联首尾的关键因素。事实上，我有时会在案子进行到后期才发现，原来关键的因素还被埋没在蜿蜒曲折的幽径之下，呼喊着我的注意。这几乎就像是雕刻家可能会有的感觉，你追求的东西就埋藏在大理石或木材里。而且，也只有在发掘出贯穿首尾的内在逻辑并强化整体的陈述之后，我才有足够的信心写出判决的开场白。此外，我必须说明，我最后所确认的重大基本争点，也就是有待解决的问题，常常和我在初稿里所认定的问题差异很大。

了解到发现的逻辑和证立的逻辑的不同，大大有助于我弄清楚自己撰写判决书的迂回历程。然而，除了要在发现与证立两者之间取得调和之外，我感觉到还有一件事对我的工作也相当重要。我必须加入第三个要素："说服的逻辑"（logic of persuasion）。

说服建立在证立的基础之上。如果在推理的过程中有遗漏或跳跃，判决就会明显地有瑕疵而无法说服任何人。但是，说服所需要的不仅仅是理性说明。若不是"修辞法"（rhetoric）一词在英文里有负面的意涵，我愿意将说服视为利用修辞法帮判决加分的结果。修辞法是一种使人信服，并将个案中的特殊议题与更普遍的生活经验联结起来的论说方式。特别是它触及了法律经年累月所创造的强大神秘特质。法律并不仅止于理性。人类认知法律意象的核心关键反倒是神秘感。虽然诸如法治与司法独立等概念确实是由技术性的法律规则所建构起来的，但它们不能被当做只是这些规则的加总而已。它们具有超越时空的普遍共鸣和诉求。从而，修辞法的成功之处就在于它能够将本杰明·卡多索[1]所说的粗糙原始的个案事实与千百年来熠熠生辉的法律真理给联结起来。

有些法官具有见微知著、明察秋毫的能力，他们可以用三言两语强而有力地总结他们的思想，丝毫不用迟疑。但大多数法官不是这样。也许这种斯巴达式的作风根本也不是我们想追求的。我们觉得有必要去拓展更多面向的观点，去更深入地掌握脉络，去审视我们的想法会对当事者造成哪些冲击，并且以能够启迪人们对法律的认识与想象的方式来处理问题。我们希望能引起大家的共鸣，而且我们知道真正能打动人的往往是一个画面、一个能与群众有所联结的例子，或是一个衍生出来的弦外之音。简言之，能说服人的是法律修辞，仅靠作为其基础的形式化逻辑是不够的。

最后，我想在判决写作的复杂过程中加入第四个元素，我将其称之为“妆点增色”（preening）。妆点增色是指法官在判决中的论证添加一些带有个人特色的写作风格，有点展现个性的意味。如果你喜欢这种做法的话，你会称之为“画龙点睛”，如果你不喜欢，那它就是“膨风”。当我阅读其他案件的判决书时，有些掷地有声的论点让我发出共鸣，使我深以身为法律人为荣，并更加热爱司法工作。如同我说过的，法律相当倚赖神秘。正义的本质本身蕴藏着崇高的道德与历史面向。法治、基本权利、司法独立等观念具有崇高、神圣的地位，并吸引人们前仆后继地追随它们。如果妥善使用，这些原则可以为法律思维提供一个框架、一种尊严、一种风格，以及相

[1] 本杰明·卡多索（Benjamin Cardozo，1870—1938），曾任纽约上诉法庭法官，1932—1938年担任最高法院大法官。

关的历史脉络。我再重申一次，我认为只要节制得当，一点点擦脂抹粉，或是说得好听一点是法官们荣誉感的恰到好处的展现，并不与法官的职责相左。

不过，那种为了制造新闻标题式的耸动语言确是该被谴责的。“司法民粹主义”（judicial populism）的确相当诱人，但它通常只有浅薄的司法口号，欠缺真凭实据的法理内容。在我们国家，法官不是透过选举产生，而且，在我个人看来，法官也不应该追求个人名声。然而，我认为，法官使用比较铿锵有力的语言或震撼人心的比喻以让人留下深刻的印象，并没有什么不对，尽管有人认为判决不需要这样也可以成立，甚至还更有说服力。事实上，很少有其他公共领域的活动比司法判决更能影响人们的生活，其中又更少见有比司法更能控制政府的重要公共活动，而政府还是付薪水给法官的机关。因此，我们不应该认为社会大众把我们看成是隐姓埋名的法条适用机器人是一件好事。我们应对自己的判决负责，勇于用自己的语言说话。

那么，以上所有的反刍能为下一份印着“萨克斯大法官意见”的判决书提供什么意义呢？无论下个案子能传达多么令人兴奋的法学思想，其诞生却绝不可能是完美无瑕的。越是优雅简洁、越是具有说服力而容易理解，就表示它经历过越多令人心力交瘁的苦劳。而当我们在法庭上进行越多的讨论，我潜意识里因为个人生活经历所致的偏见就越会被我同事的观点所调整中和。在上诉法院的合议庭工作并不必然剔除或冲淡每个法官的主观经验，但它确实能提供多元的个人观点。我不只是认真聆听同事们的逻辑推理，更尝试着去理解他们的内心感受，进而对我最初的草稿进行重大修改。然而，最终公布版本的判决书都不会呈现这些内容。最终公布的判决排除了大量的增修删节过程，而加入了许多同事提供的意见。而且判决书上既不会具体写出哪个部分是为了响应同事的某项批判，也不会标明哪些段落是抄自某张便条纸上潦草记下的灵光一闪。

简单、清楚、具有说服力，这是包括我在内所有法律人的梦想。但据我有限的所知，这样的判决会误导读者对其起源的认识。但矛盾之处就在于，为了写出这个有误导之嫌的判决，我得投注所有的心力，对其推理逻辑琢磨再琢磨，推敲再推敲，验证再验证，并反复思考我的同事提出的正反两面意见。然而，结果竟是每当我投注的心力越多、越成功，这份判决就越虚伪。答滴。

后记：如果有任何人认为本章也是带有自相矛盾的谎言，我既不承认也不否认。

[判例]

乔丹案——禁止性交易背后的性别歧视

本案涉及将性交易入罪的法律是否合宪的问题。宪法法院投票结果是六比五，我们甚至无法在“卖春”（prostitution）或“性工作”（sex-work）的名称上取得共识。然而，我们的主要争议点并不是遣词用字甚或是采纳什么政策——我认为，就算不是全部的大法官也有大多数的大法官赞成以规范来代替刑罚。我们主要的歧异在于，此问题应该是一个交由立法机构由多数选票决定的政策问题，还是一个应该由法院来决定的基本宪法权利保障的问题。由我和凯特·欧瑞冈（Kate O’Regan）大法官所撰拟的少数意见偏向后者。产生分歧的关键也是导致女性主义者分裂的原因：有些女性主义者主张，卖春是对女性最严重、最屈辱的压迫，因此法律一定必须予以谴责。但另一派女性主义者认为，压迫女性的其实是法律，因为正是禁止卖春的法律害女性容易受到暴力、犯罪，与疾病的威胁。在我看来，我们只有一个差强人意的共识，即开放与民主的社会在这个问题上无法取得共识。即便如此，我们认为，该法将女性而非男性视为潜在被告乃是对女性的歧视。

欧瑞冈与萨克斯大法官：

宪法法院无法决定，究竟性交易入罪化是可以减少暴力犯罪的有效措施，还是入罪化本身创造了一个容易让暴力孳生的环境。在这些千丝万缕的关系中，究竟何者是因、何者是果无疑是难以厘清的。同样的问题正在全球上演，等待人们的决断。此外，这是一个归属于立法选择的问题，所有开放民主社会中的立法机构都具有正当性去决定适合他们社会的最佳选择，也可以合理地和其他社会区别。

在检讨何种程度的隐私需受到保护的比例性原则同时，宪法法院必须依循开放民主社会的标准。开放民主社会对于性交易有着南辕北辙的不同反应，是以在这种社会有各种不同程度的开放：开放性交易但不开放经营场所、两者都开放、两者都禁止、设置性交易专区、开放场所经营并收取税金等。此议题通常被视为由立法机构处理的政策问题，而不是法院决定的宪法问题。我们不知道有没有哪个国家的法院曾宣告禁止性交易的法律违宪。此议题似乎被当做是应由立法机构来选择，而非由司法机构来裁决。它的本质盘根错节，诸如个体自主性、性别、商业、社会文化、执法等因素都应该被考虑到。种种不同的因应措施与调整都是可能的，社会大众意见分歧，女性主义者也因此分裂。简言之，这是典型的该交由须对选民负责的立法机关来解决的问题。

我们的结论是，虽然几乎所有的开放民主社会都谴责性交易，但其对性交易的规范方式却大不相同，此议题适合留给各国以民主方式选出的国会机关进行考虑。“性别委员会”（Gender Commission）、“性工作者教育及维权小组”（Sex Worker Education and Advocacy Taskforce，简称 SWEAT）、“生育健康与研究小组”（Reproductive Health and Research Unit）等团体的声音有助于导正大众和国会成员的注意，最终达成男女平等的宪法目标。

欧瑞冈大法官和我继续陈述我们与多数人在“该法是否不当地造成性别歧视”一节上的不同意见。我们的看法是，该法对于付钱的男性嫖客和收费的女性性工作者之间适用双重标准，因此的确构成性别歧视。我们明白，该法表面上呈现出性别中立的外貌，而且理论上嫖客可以被当做共犯起诉。尽管如此，我们的意见如下：

法律直接课以刑责的对象是娼妓，这意味着法律惩戒与矫正的直接目标是卖春行为。在整件案子中假设有嫖客的话，其刑责也只是因为娼妓卖春的行为在先而来。后者才是主犯，前者只是间接的。主要的罪行和耻辱均烙印在性行为的收费者而非付费者身上。

这是个长年累积下来的法律和社会问题。妓女是被社会所抛弃的，男性嫖客的行为则是被社会接受的或视而不见的。“她”是可见的、可被谴责的，“她”的存在因“她”的行为蒙羞。“他”则是隐形的，只是“她”的罪行的一部分，而非主动犯法的人。性交后“他”仍可以衣冠楚楚地做人。对于性，我们社会普遍有着双重标准，“他”常被视为受到诱惑而情不自禁，或是这就是男人自然会做的事。因此，召妓的男人在我们社会上不常被认为是道德上有污点的，但从事性工作的女性则是千夫所指。

以上观点背后的推论逻辑是，性交易问题的主要成因不是因为男人有性需求，而是女人响应了男人的性需求：她是堕落的，但他往好处讲则是富含男子气概，往坏处则顶多是太过脆弱。因此，这种差别对待潜在地贬低了女性的尊严与人格。

在本案中明显存在对于男女两性的差别待遇，亦即，在对两性情欲的解读上，它采取并强化了一种双重标准。这种差别待遇造成的结果并非偶然，正如国家不起诉男性顾客并不令人意外。两者均起源于我们司法制度的同一疏失：对同一行为的男女行为者有双重标准。

我们不认为性交易的收费者比付费者更该被谴责。事实上，男性顾客通常来自经济较好的阶级这点可能暗示着相反的观点。国会可以立法将有金钱交易的性行为入罪，但将收费者而非付费者当做是最主要的非难对象却加深了我们社会上深层的性别不平等，而这正是我国宪法承诺要连根拔除的。

第三章

他的名字叫亨利：真相、和解与正义

> 他兴高采烈地离开了。而我几乎瘫倒在身旁朋友的怀里。后来我在一头雾水的宴会主人那听到，亨利突然离开宴会，回家后足足哭了两个星期。

邂逅

接待处通知我有位自称“亨利”的男士求见，于是我从法官办公室起身，带着些许的期望走向安检处。亨利几天前曾打电话给我，他说他即将前往真相与和解委员会，为造成我失去右手的汽车爆炸案作证。自然的，我很想见见这位出于勇气、傻劲，或单纯只是好奇而想见我的人。

我开门让这位身形修长的年轻人进来，他自称亨利，并告诉我他的姓氏。我想，他曾经是南非国防军的上尉军官吧？当他大步走进我的办公室时，脚步虽称不上是昂首阔步，但仍保持着军人的仪态。而我则以我认为法官该有的轻快步伐走在他身边。

我们坐下并开始对话。我确定我们彼此都对对方感到困惑。他简单地解释他在汽车爆炸案中的工作，他只是照相，并将档案交给实际执行行动的同僚。他说他在该爆炸案之前就退出行动小组，所以他无法对发生的事情直接作证。但他了解行动小组和其运作方式，他将前往真相与和解委员会诉说他的故事并寻求赦免。

我并不确定他为何要到这边来讲他的事给我听，我也想对他有更多的了解。在此刻之前我从没见过他，他是谁？为什么一个不认识我、与我无冤无仇，甚至对他而言我只是个反抗运动名义上领袖的人，他却要置我于死地？当时他在想什么？他的职务是什么？而他又是如何成为“另一边”（“敌人”、“种族隔离体制”）的一员的？我们双方彼此不认识的“另一边”。

我试着从他身上挖出更多内幕、更多他的背景。他说他家世清白，双亲都是正直善良的人，从小就教育他要有强烈的荣誉感，母亲尤其重视这点。他在大学中表现优异，毕业后决定以军旅作为其职业生涯。当他说到自己晋升快速时带着一丝骄傲，他是个卓越的战士，也因此被吸收为特种勤务人员。

我并不想抢先在真相与和解委员会之前侦讯他，我只希望他把想说的都说出来。他看过我的档案。他必然知道我曾经被放逐于南非的邻国莫桑比克，协助重建该国司法制度。档案中应该也提到虽然我是非洲人国民大会、特别是所属宪法委员会（Constitutional Committee）的活跃分子，但我从来没有参与地下活动、军事行动或情报工作。然而他们却找上我，决定消灭我，为什么？难道是因为我是个知识分子，因为我反对他们提出的没有一种政治制度能让南非的黑人和白人平等共处的主张吗？每个知识分子都希望自己的意见能受到重视，但不是这种“重视”……

我们谈了大约两小时。他几乎是以一种嫉妒的眼神望着我。他坐在我悬挂着美丽画作的办公室中，我是这个国家位阶最高的宪法法院的大法官，而他却是个有着不堪的过去和绝望的未来的退伍军人，他甚至没有得到应有的礼遇，比起获得金质奖章的退伍将军们，他得到的只是一点金钱。他曾经愿意为这个国家、为了种族隔离政策付出他的心血、智慧，甚至是生命，但如今他不值一文。他也因此受过伤，他曾经被子弹打中腿，至今走路仍有点跛。他看来有些烦躁，我是法官，而他连工作都没有。我们可以一直这样对望着聊下去。

我起身说："亨利……（我心中一度浮现一个没有风度的念头，我有冲动对他说——我不能跟你握手，你可以看到我曾经用来表达欢迎的手现在变成怎样了）……通常有人来拜访我，道别时我会和他们握手，但我没办法和你握手。我现在没办法。到真相与和解委员会告诉他们这一切吧，帮助这个国家，为南非做点事，那也许我们还会再次相见。"当他离开走到安检处时，那英挺的军人仪态不见了，相反的，他看来惶惶不安。我目送他出门，向他道别，直到他消失在我的视线中。

真相与和解委员会

全球各地共成立了三十个左右的真相与和解委员会，但没有一个像南非的如此具有震撼力。这不是好坏的问题，而是因为其他国家的真和会不像南非的具有如此深远的影响力并受到如此多的国际关注。为什么它这么特别呢？

首先是因为我们的真和会的成立并不是一群聪明人围坐讨论说，为了处理过去的不公不义，我们必须设立真和会。南非的真和会不是这样的产物，相反的，真和会是因为南非社会内部强烈的、特殊的需求而产生的。

这一切起源于 1993 年 8 月非洲人国民大会的全国执行委员会（National Executive Committee）的一场交锋激烈、炮火猛烈的会议，那是南非首次民主选举前的八个月。那场会议讨论我们该如何响应在解放运动时期，非国大干部在安哥拉营区所犯下违反人权罪行的调查报告，该报告来自非国大自己成立的调查委员会。报告中说非国大安全人员曾抓到几名当时南非政府派到普里托利亚刺杀非国大高层并制造混乱的人。别忘了那是 1980 年代，警卫和安全人员大量地使用野蛮的手段进行侦讯。

我曾经在前面提到，组织本身对此事进行调查，也撤换了整组安全人员，并在 1985 年建立了行为准则（code of conduct），该行为准则实际上便是刑法和刑事诉讼法。这可能是世界上所有解放运动中唯一的一部行为准则，法院、检察机关、被告辩护律师等都应有尽有，还有罪刑法定、检察官起诉、证据优先并受检验，甚至有上诉制度。大体上来说，违反人权的罪行虽不是彻底绝迹，但已经大大减少了。现在是 1993 年，从那之后又过了十年，虽然武装抗争时期已经结束了。然而，曾经发生过的违反人权行为不该被假装未曾发生。非国大自身会如何看待成员在武装抗争时期的所作所为呢？这份调查报告特别强调："有人必须为此负责。"全国执行委员会的八十名委员讨论该如何处理这事。

有些委员大声呼吁："我们设立了调查委员会，也收到了这份报告，我们要继续处理这件事。"另一批人则义正词严地反驳："我们怎么能这么做呢？我们当时在安哥拉的丛林中艰苦地为自由奋斗，敌人又持续对我们做无情的攻击。我们仅有没受过训练的年轻侦讯人员，他们尽其所能的保护领导阶层。我们现在怎能反过来惩罚他们呢？"

另一方再度回应："我们从事自由运动，为正义而奋斗。如果正义不从我们自身开始，如果我们不捍卫这些价值，如果我们使用和敌人相同的手段，那我们并不比敌人更好，我们和他们没有差别。人们愿意支持我们、为我们受苦，是因为他们相信我们的目标——一个人不能既为捍卫生命而奋斗，同时却又是生命的敌人。"就在此时，现任部长的帕洛·乔丹（Pallo Jordan）起身，用他那慷慨激昂又高亢的语调说："同志们，我今天学到了件非常有趣的事情。有过去政权的刑讯，也有我们非国大的刑讯。过去政权的刑讯是不好的，而非国大的刑讯是好的。谢谢你们的启发！"语毕他就坐下了。

整个会议室因此事分为两派，这攸关重大的道德判断，也不是可以举手表决的议题。最后，有人起身问了个简单的问题："我的母亲会怎么说？""我的母亲"这词代表的是一位平凡、正直、劳动阶级的非洲妇女，她并不世故但有着良善的内心，并对人和世界以诚相待，一位在艰困的生活中自然淬炼出荣誉与正直的美德的人。他先自己回答："我的母亲会说非国大八成是疯了。我们在此反省检讨我们自身的脆弱和过错，并将我们自身赤裸裸地摊开在世人面前。这也许是必要的。但与此同时，另一边已经杀害、虐待、折磨我们的人民几十年甚至几世纪的恶棍却不受处罚，没有人去检视他们做了什么、他们正在做什么。我们是如此倔强的自省，我们对自身道德纯净性的爱惜近乎洁癖，以至于不去思索另一边的人对我们造成的伤痛，这些人完全没有受到惩罚就离开，也不必负任何责任。当我们对数百万平民的伤痛视若无睹时，我们所主张的又是什么样的自由运动？公平何在？正义何在？"

卡迪尔·阿斯马勒（Kader Asmal）教授起身说道："唯一的答案就是南非需要真和会。唯有真和会能通盘审视双方所有违反人权的行为。人权就是人权，不论什么人都该享有人权。所有刑讯或其他违反人权的行为都必须由公正无私的委员会进行调查，而不是由某一政治运动力量自行处理了事。这必须是国家层级的，要用国家的资源、以国家的角度来处理。”

他说得对极了。当下我们做了一个决定。如果非国大赢得选举，且当时情势也的确乐观，选后将会成立一个真和会来调查种族隔离政策最后几年的违反人权罪行，无论该罪行是在何处发生的。

真和会成立的第二个重要因素也是南非经验。当时双方签署了一部新的、没有种族歧视的民主宪法草案。我们以为大功告成了。我们制宪过程分为两阶段，我们大量参考印度经验，这其中包括选出制宪会议（Constitutional Assembly），由制宪大会来起草出最终宪法版本。我们为制宪会议订了三十四条规约，当时我们心想，只剩下选举还没举行了。我当时到伦敦去向一个多年来支持我们的天主教公民团体说明南非新宪法的架构。随着谈判的顺利进展，我们所受到的待遇也随之升级，最后住到了机场的假日饭店。但现在我回到靠近国王十字区的普通旅社，与外界无甚接触。有天当我正要就寝时，招待我的团体派来一个信差，他带着歉意地敲我的门，并给我一份紧急电报。那是非国大总部发的，电报中说有个紧急事件需要处理。显然南非的国安警察曾获戴克拉克总统保证赦免，所以他们忠实地保护协商过程的进行，也确保选举不受意图破坏政权转换过程的炸弹攻击，未来他们也将捍卫新的政府和宪法。但是，如果之后他们因为支持前政府的行为而面临牢狱之灾，这样的工作内容要求就不是他们可以接受的。他们并不是在以政变相要挟，但若没有赦免的保证，他们就要集体请辞。

这真是给非国大领导阶层丢了个大难题，毕竟赦免是戴克拉克总统而非非国大所承诺的。同时，非国大领导阶层们也了解到国安警察已忠诚地确保协商过程不受多股右翼势力的攻击。在另一方面，非国大本身的安全人员因为对潜在攻击者的认识不足，显然难以确保选举过程的和平。我们这一世代的人都梦想过在新的宪法秩序下，能实现人人平等、摆脱过去罪行的"一人一票"选举。但若是选举过程被严重破坏了，不只梦想无法实现，种族间的暴力也将持续下去。国安警察没有威胁以武力破坏选举，他们只是希望自己确保民主进程的努力能获得肯定。然而与此同时，仅仅因为他们支持宪政进程而给予他们全体赦免却违背了责任政治原则。当时我房里没有便条纸，因此我将我的答案写在电报背面。何不将赦免和真和会联结起来呢？我是这么建议的。我们不能承诺全体赦免，但每一个挺身而出并坦白他或她做过什么事的人，都可以接受到个人的免责。

这个建议被接纳了，也因此真和会和赦免便以个人为基础联结了起来。这就是后来极为成功的南非真相与和解委员会成立的原因。侵害人权的加害者、滥刑者、杀手等都有了将其过去所作所为坦承公之于世的诱因。相对的，南非国人将能得到真相。这不是别有所图的哗众取宠的公开审判，也不是利诱或威逼。不是那些过去执政者施加的诸如单独拘禁、倒立罚站、电击折磨等摧毁受害者心理的威胁手段。这是以保证赦免为奖励的自愿性告罪忏悔。

欲使委员会运作顺利有三项要素。第一，真和会必须在宪法位阶上有着明确的法律架构。宪法给予这些在过去政治冲突期间犯下罪行的人赦免的权利，但该权利必须由新国会订定的法条详细规范之。国会后来规定究竟如何赦免应由真和会根据不同个案来决定。

第二，虽然设立真和会的动力主要来自新政府，但实施细节不能由行政部门单方认定。不论有多么的不完整或不情愿，某些共识是必要的。光是立法工作就花了一年。那是艰苦的一年，为了纳入所有利害相关者和公民团体，我们举行了无数的协商和辩论，以确保这是公平、可靠的最佳机制。公民团体的角色变得特别重要。与世界上许多的人权团体相同，他们不愿见到任何暴行的加害者获得赦免（有时候，不是身受其害的人反而更不宽容）。如果这程序要继续下去，他们坚持必须要公开进行，大众才知道发生了什么事。我建议不公开的录像作证，因为我相信唯有这样那些想要寻求赦免的人才敢走出来。我错了。所幸公民团体对公开作证的坚持胜过我那过于谨慎的建议。

第三，真和会一定要有能干、杰出、正直，且过去没有直接参与冲突的成员。这不是说我们要找寻“中立人士”。一个自称自己过去在种族隔离时期保持中立的人，不会是我们需要的处理这些暴力案件的适当人选。我们需要的不是中立而是公正。这必须是对正义和人权有热情，并能公正处理过去曾支持或侵害人性尊严的任何个人、团体、政党或组织。也就是说，他们必须以同样客观、公正的标准检验非国大在安哥拉营区发生的事和国安警察过去曾长期犯下的大量罪行。具备以上特质的德斯蒙德·图图（Desmond Tutu）大主教便被邀请担任真和会主席。经过一个复杂的甄选程序，来自不同社会、文化、宗教背景，许多具有卓越能力和才干的人才都被延揽进真和会。

真和会分为三个部门，各有其独立的功能和人事。第一个部门负责听取受害者提供的重大违反人权案件的证词。我们应当记得，种族隔离政策本身就违反人权，而且早已被当做是对人性的重大戕害。当时的法律将人们以种族分级、（黑人被）强迫佩戴识别证、被逐离家乡、不能接受教育、不能使用公共设施，也不能投票，这些都违反人权。但这不是真和会要调查的，过去严格的《国家安全法》(Security Law)动辄将人们不经审判就单独监禁的事件也不是真和会要调查的。真和会要调查的是即使在《种族隔离法》(Apartheid Law)下也违法的行为。

那样的行为因为过于丑陋、骇人，因此就连公开支持种族政策的人也不得不加以隐匿、否认。虐囚、暗杀、使人凭空失踪、越界突袭行动等造成的绑架和杀害行为都是违反南非法律的，即使依据的是严苛的种族隔离时期保安法也不例外。这些罪刑才是真和会要调查的。其调查对象不是种族隔离政策，那样的行为已经受到世人谴责并被南非新宪法所唾弃了。相对的，真和会的主要目标是在种族隔离时期被犯下并被掩饰的罪行，其中大部分是为了维持种族隔离制度所为，但也有些罪行是反抗该制度的人所犯下的。

图图大主教把这个由他主持的单位称之为“小市民”发声的部门。于是，不论是都市居民或是乡下人，所有名不见经传的无名小卒，都可以来申冤，倡言他们的不幸遭遇、他们的伤痛和他们的损失。像我这样的人有机会上电视、写书，或前往世界各地向无数的听众、读者演讲我们的遭遇。但有难以计数的人曾遭受暴力加害，失去儿子、女儿、母亲、父亲，却只能将这样的伤痛隐藏在心中。全国各地大约有一万多人前来为他们自身和他们的家人作证，还有大约一万人以书面方式作证。

法官不哭泣，但这显然不适用于图图大主教，他哭了。这不是严肃的以发掘法律真相为目的的法庭，而是一个让人们倾吐自身遭遇的人性化空间。在法院，证人是孤立的。但在这里，证人旁边总是有安慰者，也许是拍拍他们的肩膀，也许是在哽咽的时刻递上水和纸巾。听证仪式通常以和谐的非洲音乐展开，希望这样能给在场的所有人鼓励和支持。有时也以祷告开始。接着，这个国家里不同地区和不同语言的人都来作证。证词在电视上播出，因此全国人民都能亲耳听到当事人的故事，全国人民都成了证人。这些证人不是来法院告发、控诉别人，也不是因为曾受伤害而要求赔偿。我们没有惩罚或补偿，我们只是提供一个说出真相的机会。

摘要和分析这些证词的集结有五巨册，其中包括照片和不少令人动容的证词的节录，构成珍贵的文献。这不是枯燥的政府报告，而是发自肺腑能打动人的记录。此外，它也深刻反省了不可饶恕的暴行如何被纵容且越演越烈，以及怎样的机制、文化才能避免其再度发生。这也就是真和会最伟大的目标：不能只是让伤痛抒发出来，而是要解释这样的不公不义是在什么环境之下滋生的，进而阻止其在未来复发。

没有人能逃掉这场调查。商人们，你们在哪？毕竟生意就是要赚钱，要和国安警察直接合作，提供炸药、卡车和信息。媒体们，你们在哪？有些勇敢的报社和伟大的记者，但媒体的组成结构本身就是种族主义的附庸，它的思维方式就是贩卖恐惧，他们将反抗种族隔离者描绘成恐怖分子，绘声绘色地说他们有多可怕，他们贪婪地攫取眼前的利益。因此，一份商业期刊的社论写道，我整天游走于利刃之间，万一我因利刃而死，也没有人该抱怨。关于人们因肥皂而滑倒、从窗户坠楼、从楼梯上摔下的事件都被记者们写得像真的一样，媒体同时散布不实消息，造成人们以为自由斗士是暴徒，他们被刑讯或杀害是正当的氛围。

法律人，法官们，你们在哪？我们这些法官，无论新的或老的，对此曾有过激烈的辩论。最严厉的批判是因为过去的司法系统根据的是有种族主义色彩的法律，而且在面对酷刑与虐囚的指控时缺少警觉心，实际上已成为这些不公不义的帮凶。当时的掌权者滥用巨大的权力不经审判就逮捕和拘禁人民，并将证人日复一日、年复一年地囚禁以逼取供词，而法官们却将其视为正常程序。所幸，仍有些法官表现出卓绝的风骨和勇气，他们证明了即使在最晦暗的环境下，人们仍然能坚持选择正义的道路。他们在有限的空间里继承了伟大的法律传统，让我能很自豪地说，他们当中的几位现在是我在宪法法院的同僚。然而绝大多数的法官向不公正的法律与不公正的手段屈服了。最终，司法机关的领导人送了一份文件到真和会，承认司法系统在种族隔离时期未能善尽保障基本人权的职责。

赔偿委员会（Reparations Committee）是完全独立的。它从第一个委员会（听证委员会）取得报告，并确保每位受害者取得一次给付的金钱赔偿。这不仅是作证者的伤痛，而是整个世代的伤痛，是无法衡量的伤痛。虽然赔偿经费不能从砍掉教育、医疗，或土地改革预算取得，但每位前来作证的人都能取得或多或少的物质赔偿。然而，有些人对赔偿的金额与赔偿的方式有所抱怨，这也是可以理解的。与此同时，社会舆论呼吁对于遭到处决或虐待致死者重新举行有尊严的葬礼。在我看来，建纪念塔、给予受难者小孩奖学金、以受难者的名字命名道路、花园或建造宏伟的纪念塔等等都是不够的，我们需要的不是更多宏伟的纪念碑，而是一个素朴得像人民自己一样的纪念碑，一个如同他们亲身经历的伤痛般哀痛逾恒、历历在目、念念不忘的纪念碑。

委员会的第三个部门，也是工作最困难的部门，就是特赦委员会。每个法庭有两位法官，这也是真和会中最像是法院的部门。然而当刑事法庭通常判决一个人是否要被关进监狱，这边做的却是相反的，这里的法官决定一个人是否可以免于被起诉。因为牵涉到人身自由，正当法律程序（due process of law）等原则在此必须被遵守，但不像一般法庭要求严格的证据法则和正式起诉程序。我们处理过许多令人惋惜、鼻酸的案子。

克里斯·汉尼（Chris Hani）曾是首批游击队员的一分子，后来晋升为非国大军事部门“民族之矛”的指挥官以及南非共产党总书记，是受到人民爱戴的英雄。在一个复活节假期，当我们还在协商新宪法时，他在慢跑后返家时被枪杀。凶手走出车来，拿枪抵着他的头，然后扣下扳机。对方是住在南非多年且与南非极右派合作密切的波兰极端右翼分子。因为邻居指证他作案用的车，警方迅速逮捕他。不夸张地说，那把枪甚至还在冒烟。讽刺的是，因为非国大反对死刑而使他和另一名同伙逃过死罪，并能寻求赦免。他们应该被赦免吗？特赦委员会因为两名凶手隐瞒太多事实而拒绝赦免，他们被起诉并被判终身监禁。

接着是关于温妮·曼德拉（Winnie Mandela）足球队的案例[1]。温妮勇敢、孤僻、好战、热情、亲切，令人如沐春风，有些人会说她可以用她的方式摧毁任何人或任何事。温妮召集了一伙人犯下重伤

---

[1] 温妮·曼德拉曾是南非总统曼德拉的妻子，两人于1996年时离婚。在南非民主转型过程中，她与其丈夫不同，始终采取不妥协的激进路线。她是非国大重要干部，作风非常有争议性，并曾被判刑。1988年，曼德拉联合足球队（Mandela United Football Club）的一员从一位牧师家中绑架了一个十四岁的小男孩詹姆斯·赛比（James Seipei）与其他三名小男孩。该球员声称，因为温妮·曼德拉怀疑该牧师曾性虐待这些小男孩，于是他们对小男孩施暴逼供。来年6月，赛比的尸体被发现了，身上有被棍棒殴打的伤痕。1991年，温妮·曼德拉被定罪涉嫌绑架与共谋杀害赛比，但原本六年的徒刑被减为罚金。在1988年的最终报告当中，真和会指出温妮·曼德拉应对曼德拉联合足球队违反人权的罪行负起政治与道德责任，且她须直接为多起谋杀、虐囚、绑架，与攻击事件负责。2003年，她涉嫌诈欺被定罪，随后辞去非国大所有职务。然而，由于她始终受到广大非国大草根群众的支持，在2009年仍代表非国大参与南非国会大选。

害罪，并和当地非国大爆发冲突。那是曼德拉仍在狱中的种族隔离制度末期。血腥杀戮时有所闻。温妮本人并未寻求赦免，是她的足球队员来求饶，他们说是温妮妈妈（Mama Mandela）命令他们去做这些事情。他们应该获得赦免吗？这个棘手、悲痛、折磨人的南非问题需要一个棘手、悲痛、折磨人的南非答案。我们的真和会还未臻完备。它引发许多争议，并驱使我们进一步的反省。因此，杀害史蒂夫·比科[1]这位勇敢、爽朗的领导者的凶手们因为隐瞒太多事实而未被赦免。然而，以信件炸弹谋杀露思·法斯特和珍妮·朔恩（Jenny Schoon）的凶手们虽然手段凶残，还是因为符合标准而被赦免。

知识与认知

我想分享一些我个人对于真和会的想法。首先是关于知识（knowledge）与认知（acknowledgement）的不同，这是斯坦·科恩[2]告诉我的一个概念，而他又是听托马斯·内格尔[3]说的。"知识"指的是拥有信息，并因而了解事实。事实上，对于南非境内的迫害案件有无以计数的知识，但却少有关于人们付出多少代价的认知。"认知"指的是一种接受，但不只是对客观事实的接受，还有对其情感与社会重要性的接受。认知的前提是对事件之发生抱有责任感，

[1] 史蒂夫·比科（Steve Biko），反种族隔离人士，1977年死于南非警察的虐待。他曾发起"黑人觉醒运动"（Black Consciousness Movement），名言为"黑是一种美"（black is beautiful）。

[2] 斯坦·柯恩（Stan Cohen），伦敦政治经济学院社会系教授，出生于南非。

[3] 托马斯·内格尔（Thomas Nagel），纽约大学哲学系教授，擅长于伦理学、政治哲学、心灵哲学。

并了解到该事件对当事人以及整体社会的意义。

了解真和会运作的方式之一是将它视为把知识转化为认知的过程。首先必要的是认知过去的伤痛。成千上万的人受难的事实，这是广为人知的“知识”——政府迫害人民、留下难以磨灭的创伤、人们枉死牢狱之中。然而人道和个人面向没有彰显，人民真实的苦痛没有抒发的机会。然而，当你在电视上看到那些受害者，知道他们都是有名有姓的，听到他们亲口诉说他们的痛苦，那原本空洞的信息就不再空洞了。这对那些前来作证、回家后在电视上看到自己的人也是极有意义的。因为有了真和会充满人性与关怀的做法，社会大众可以认知到成千上万过去被隐藏的私人伤痛。另一种认知则事关加害者自己，他们需要勇敢走向摄影机，公开承认自己的罪行。最终，整个国家认知到这样的事情曾经发生，而且可能再次发生，所以我们必须把所有事实结合起来，这样才能使我们了解其来龙去脉，并降低其再次发生的机率。

当初公民团体要求的公开性（publicity）成为真和会得以震撼南非与国际社会良心的关键。眼泪、声音、严峻表情、悲泣皆历历在目。几百万双的眼睛从电视上或从书本中见证剧力万钧的一幕幕。大家因而去反省，在那个环境之中他们做了什么、没做什么、有什么是该做而没做的。

真相的四个面向

身为一个法律人和一个法官，我常对真和会的许多特色感到困惑。它们大多跟我们该怎么看待真相这个概念有关。“什么是真相？”这个问题从将近两千年前就被拿来开玩笑，但至今我们仍须回答。我并没有受过认识论或存在论的训练，所以我自己将真相分为以下四类：观察所得出的真相（observational truth）、逻辑推演出的真相（logical truth）、经验告知的真相（experiential truth），以及透过对话而归结的真相（dialogical truth）。这样的分类是非常有助理解的。

观察真相，不论在自然或社会科学里，都要界定出一个特定的框架，并排除所有这个框架不考虑的变项。在法庭上，我们在界定的框架下运作，回答某特定问题，像是某人是否在某特定时间以某特定方式蓄意杀人。你确定目标，划下范围，然后找出真相。这就是观察真相——巨细靡遗、锁定焦点。

逻辑真相是建构在假设之上的普遍真相，蕴含在特定命题中的逻辑。逻辑真相的获得是一个演绎和推论的过程，最后，我假设，借由文字的力量来解释世间万事万物的抽象关系。许多法律就是在找出观察真相和逻辑真相之间的关系，换句话说，将观察真相放入逻辑架构中。

经验真相则是另一套规则，它来自深入现象之中而后取得的理解。这种真相是我们每一个经历过它的人都能体悟到的。我第一次想到这概念是在读甘地的书《我对真理的实验》（*My Experiment with Truth*）[1]之时，我当时对这书名感到困惑。这不是我对“实验”一词的了解啊！我们在学校用本生灯与盛着各种液体的烧瓶在控制条件下测试科学假说，那才是实验。甘地却没有假说，他拿自己当实验，而非一个想法或是一种对世界的理解。这个实验是将他自

[1] 完整书名应为 *The Story of My Experiment with Truth*，是甘地的自传，记录了他从童年到 1921 年的故事。

己全心全意地沉浸于特定经验之中，然后就其经历做出结论。这个过程的核心是诚实、客观的探索工作，同时也需要能客观地排除个人想法，并以一个真正无偏见的方式来省思你的主观经验。如此的经验真相是深入且深刻的。然而这样的真相也让我们法律人感到尴尬，因为它对我们来说是主观且无用的，因此会试着将它排除。我们宣称我们要的是客观的真相，也就是我们称为"事实"的东西。

最后，也就是我所谓的对话真相。这是一种从人们的交流互动中诞生的真相。我们都对客观世界（reality）有不同的经验，且我们不同的兴趣和背景又影响了我们如何去诠释这些经验。正反不同的主张与观点时而进行交锋论战，碰撞出新的综合观点，但综合观点维持不久就被挑战、驳斥，然后开启新一轮的辩论。这个过程永远没有终点，确定不移的真相永远也不会产生。

观察真相在其狭隘的框架之内是绝对的；经验真相容许主观诠释，但它是私人的，且仅有个体意义；逻辑真相是客观的、普遍的、非个人的，且独立于外在客观判准之上；对话真相囊括了以上三者的所有元素，并默认了一个包含许多声音与多元观点的对话社群，而且唯有在此条件之下对话真相才有可能蓬勃发展。以南非来说，没有一个绝对正确的说法可以解释为什么会发生这些重大的违反人权的事件。没有一个绝对的权威可以宣称拥有毫无疑问、不容挑战的观点。

所以，尽管人权受难者的经验是强烈而真实的，但他们的经验并不比加害者、记者或法官的经验更真实。我这么说并不表示我认为世间上没有一个衡量各种行为的价值的标准。真和会的立场是以一个行为究竟是尊重人权还是泯灭人权来作为衡量标准。真和会也假设人们永远有选择，且要为自己的选择负责。对话真相借由聚集所有不同角度的真相、不同经验和不同声音，而归结出最中肯的叙述和最有意义的现象衡量标准。真和会本身并不是一个由十二位、十五位或十七位机械式思考，看待事情的态度和人生经验都相同的委员组成的同构型团体。报告中的叙述和评估都是透过不同委员间的对话而形成。图图有他本身特殊的坦诚与来自个人经验的观点。他的副手和他价值观相近但生活经验不同。其他的委员各有不同的背景，也反映出多样的历史和文化经验。他们将不同的观点和评价融会综合，而非仅仅是东拼西凑起来。这就是对话真相的诞生经过。

真和会的威力，以及它为何能引发如此广大的回响，乃是因为它奠基于对话，听取各方观点，并汇集各方观点。真和会并不是像是检察官的一群人跑来对你说："我们代表国家，我们将要从你身上搜取真相。"国家无法从任何人身上取得真相，真相不是这样产生的。唯有不同面向的声音和观点才能一点一滴地拼凑出丰富且真实的故事真相。真和会本身就是一个多元的组合体，其功能在于尽可能找出最有意义且最具说服力的语言、表达形态，以及陈述故事的方式。

在真和会取得丰硕的成果之后，我开始思考另一个新问题："为什么法庭上得到的真相如此少，而从真和会得到的真相却如此之多？"后者简直像是条浩浩汤汤、横无际涯的大江，细节和旁枝也许不太确定，但主干的方向是无可争议、势不可挡的。真和会的伟大贡献之一就是让我们不再拒绝面对真相。即使是旧政权最死忠的支持者，也无法否认那些以其名而为的暴行。另一方面，法庭记录是枯燥乏味的信息。除去那些侦查所得的琐碎细节，你知道的很少。该为侵害人权行为负责的社会因素与文化及制度系统，则仍逍遥法外。

要解开这个谜团，就得了解探求真相的不同途径其实有不同的目的。法院的核心关切是个体的责任。罪责与赔偿是它们首要处理的。正当法律程序在意的是证据，而非真相。你必须先证明被告的确犯下被起诉的罪行才能将他们送进监牢。当判决的罪刑与后果可能非常严重且大大改变一个人的一生时，你需要这套严格限制的程序。然而当一个国家意欲了解和处理其历史时，要问的是更大的问题："这是如何发生的？这对当时的人来说有什么影响与意义？我们要如何提早防患未然？要如何防止其再度发生？"当你处理的是这样大范围、长时间的问题时，重点就不仅仅是循正当法律程序来决定刑责或赔偿就好，而是要让整个国家社会能了解、能认知到究竟发生了什么事。唯有如此，疗愈才能开始。对话是疗愈的基础。参与对话的人的自尊心是寻求公民意识的根本。当每个声音都被赋予同等的重要性时，疗愈才真正开始，因为届时大家才会意识到彼此的道德与责任是紧紧相连的。

南非若要达到全面彻底的和解，最终我们需要的是建立一个人人受到同等尊重且享受相同机会的社会条件。然而，真和会的存在大大地推动了人与人之间关系的修复。我想这不但对我们的国家，可能对整个世界都是重要的一课。我们的确需要一个谨守正当法律程序、伸张美德打击邪恶的国际刑事法庭（International Criminal Court）。但我们仍需要一套弹性、包容的制度来让其他因素能够与暴力及创伤取得妥协，在这套制度之下，人与人之间的关系不是原告和被告的关系，而是寻求共识的对话者。每个人都有平等的发言机会，有些人因为被听见而如释重负，有些人因为认知到自己的恶行而羞愧认错，而重要的是他们都想与彼此对话，而非杀死对方。事实上，制宪的过程和真和会有一点是相同的，就是两者都肯定我们有需要让曾经势不两立、水火不容的双方面对面看着彼此的眼睛，去发掘彼此心灵深处共享的人性价值。如果说宪法本身就是经由对话达成尊严和安全的产物，那它也应该被视为经由对话加速化解争议的工具。而真和会的作用还远超过帮助我们处理剩下的问题。彼此相互沟通了解，勇于面对过去惨痛的错误，已经成为我们文化中根深蒂固的信条。

此外，在接下来的阿扎尼亚人民组织案（续）和迪可可案（Dikoko Case）之中，道歉和调解是主导我的判决的核心精神，并改变了司法运作的方式。

真相与和解

严格地来看，一蹴即成的和解是很少的。少数的加害者得到受害者直接的原谅，但那只是极少数。人们感到不公不义、感到愤怒、感到不舒服，因为只有少数的加害者流露出人性的情感。但也有些例外。有个白人因为非国大在普里托利亚的炸弹攻击而失明。炸弹客阿布贝克尔·伊斯梅尔（Abubaker Ismail）坦承这是解放运动期间，他的组织在军事目标附近放置的炸弹，并寻求赦免。他说他因为被迫要以这样的方式战斗而感到非常的愧疚，也对受害者感到抱歉。然而受害者主动与伊斯迈尔握手，对他说："我能理解你为什么这样做，你当时是为了自由而战，那是你的使命。现在我们可以放下过去，继续向前了。"

在南非还有些像这样的例子。惟就比例而言，它们虽不是唯一，但仍属罕见。在大部分的案例中，创伤并没有被化解。大多数的加害者西装笔挺、在律师陪伴下前来，肢体僵硬、表情冷淡，像在法院般朗读准备好的演讲稿，而不是发自肺腑、敞开心胸地倾吐与哭泣。他们同意认罪是很重要的，但往往只限于对非法行为事实部分的认知，配上排练过的道歉，而不是真诚的悔悟认错。非洲人们有很大的包容心，但唯有加害者表现出同等的坦诚与真心时才能得到宽恕。正如即使在这个高度商业化的世界，我们仍有权做利他的事情，所以即使在一个强调法律与道德责任的世界，我们仍有权宽恕他人。但问题在于，唯有当加害者认知到他们的错误行为，他们才能得到宽恕。

即使在和解程序上有这么多的限制，我相信为这个国家整体的和解奠定基础的目标已经大致完成了。即使在个人之间和社群之间的和解，我们还有很长的道路要走，但在国家的层次上，南非首次有了对近代最悲痛的一段过去的共同单一历史。一群没有共同记忆的人不可能组成国家，也不可能孕育出共同的公民精神。你不可能在同一个时期、同一块土地上有一套白人历史、一套黑人历史，而且两者毫不对话，各自表述。你需要有一套单一、普遍、被大多数人接受的国家历史。从这个角度来看，虽然我们仍然生活在一个不公平的社会，黑人和白人能享受的公共设施与生活机会并不均等，但至少现在我们的国家没有像以前那样分崩离析了。就像美国人说的："我们现在都在同一块土地上，或至少开始聚集在一起了。"这就是最大的收获。

我们也要记住，负责任可以有许多方式。惩罚也不意味着一定要把人关进监狱里去。那些在电视上公开说"我们要把人分尸，然后拿去喂鳄鱼"的人并不是真的没被惩罚。他们的惩罚就是罪行被公之于世、就是羞耻感。他们看着已经不在自己权力统治之下的受害者家属。他们以平等的方式看待对方。然后他们回家，忍受着邻居、儿女、家人的目光。他们曾经受到肯定、受到晋升，如今他们被遗弃、被否定，许多人因为创伤后压力症候群而要接受心理治疗。他们落寞的表情就像是警告我们——纸永远包不住火，真相终将公之于世。

许多失踪者的遗体被找到了。曾经花了几年却一无所获的案子，例如史帝夫·拜寇和被称作“克拉达克惨案”（Cradock Four）[1] 的运动领袖的死因，如今都真相大白。所以我们在“知识”和“认知”两者都收获丰硕，这代价是赦免愿意挺身而出、说出真相的人。然而没有证据是很难在法庭上起诉成案的，我们也很难去断定谁应该被以什么罪名起诉。但我相信，南非因此和解过程而成为更强大的国家。

我们要如何避免这样的事情再度发生？其中一个答案是我们必须让这些国安警察知道没有什么事情是可以永远保密的。这些人绝不能再有国家无论如何可以保护他们的错误认知，真和会已经证明了这是不可能的，至少在我们的这个世代是不可能的。而其他的答案便是要重建一种新的社会文化。真和会运作的过程已经深入人心，希望日后报告内容能够编入教材，而其结论能够启发所有南非人的思维。邪恶和残酷必须以它们真实的面貌被看见，不能以保护国家免于想象的外来恐怖的攻击，作为自身违反道德规范、为非作歹的正当理由。进一步来说，未来我们必须有强健的机构致力于保卫基本人权。我们的宪法对此着墨甚深，其中之一便是宪法法院，而我很荣幸是其中一员。

---

[1] 1985年，来自克拉达克的四位反种族隔离政策的南非青年，Matthew Goniwe、Sparrow Mkhonto、Fort Calata 以及 Sicelo Mhlauli，被南非警察以极其残忍的方式杀害，在种族隔离史上留下最悲惨的一页。

宪法法院

我们在曾经是约翰内斯堡最恶名昭彰的监狱的中心盖一座新的宪法法院，它要以一种让大家都看得到的方式表达“绝不重蹈覆辙”的原则，并成为拯救国家生命的象征。甘地曾经被囚禁于此，但除此之外，它和印度还有更深的渊源。我们为新法院的建筑设计举办了一场国际竞赛：有六百人买了报名手册，最终有一百八十人缴件，其中四十名来自国外。评审团主席查尔斯·柯利亚（Charles Correa）是孟买和麻省理工学院的建筑师。他被选为主席是因为我们认为他知道我们要什么，我们要的不是将北美建筑移植到南非，我们要的是一座符合南非历史、文化，并针对当地特有的光线、物理结构、地形与需求而设计的建筑。

杰出的斯里兰卡建筑师杰弗里·巴瓦（Geoffrey Bawa）是另一位评审团成员。柯利亚的夫人莫妮卡向我们展示了一幅她做的闪闪发亮的织锦。织锦中有棵紧紧附着于地面却悬浮在半空中的榕树，这象征着宪法法院是人们可以享其庇荫的大树，人们保护着大树，而大树也为人们挡风遮雨。宪法法院将她那幅带有印度风的织锦放在法院中显眼的位置上，但宪法法院和印度的关系可不仅止于表面上这么简单。我们选定的地址是原来的“老碉堡监狱”（Old Fort Prison）。我们常带着既得意又羞愧的口气说，南非有着世界唯一一座曾经关过甘地和曼德拉两人的监狱。而对甘地的南非岁月熟悉的人都知道，他大部分最深刻的人性实验都是在这座监狱进行的。就是在这座监狱，当他看到印度囚犯有盐配饭、非洲囚犯却没有时，他决定他也不取盐。也是在这座监狱，因为盐巴事件让他决定放弃物质享受，以了解社会最底层的生活。惭愧的是，是南非给了他这么丰富的生活经验。当印度犯人被要求戴上非洲犯人才戴的囚犯帽时，他并没有反抗，而是说他将其视为一种荣誉。当他于1914年回到印度时，他也带走这顶后来成为印度自由奋斗象征的囚犯帽。我们的宪法法院，就矗立在甘地戴上囚犯帽的地点。

我们的新宪法法院、新民主需要一座新建筑，但同时保有旧监狱的结构。监狱就这样环绕着宪法法院，有条旧监狱的楼梯还留在新法院里，而监狱的砖块就这样包覆着法庭。宪法法院传达的讯息不只是“绝不重蹈覆辙”这条重要的民主宪政原则，更象征了奋斗、希望，以及能够战胜绝望与残酷的勇气与人性。过去可怖的负面能量于是被转化为迎向未来的正面能量。我们希望新的建筑是简单的大楼，让进来的人能够感觉到正义是友善、温暖的，而且并不遥远。每当我走进今天南非的治安法庭，我都会感觉到我是罪人，但明明我就是这块土地上最高位阶法院的法官！目前的法院建筑都有一套制式的标准，目的是在彰显其权威，它像是在对你说：“注意喔，国家统治着你。”我们的宪法法院并不展现权力，它限制权力。我们的任务是捍卫新宪法，确保所有的政府权力都在宪法所规范的程序下行使，并使之与宪法遵奉的信条与价值并行不悖。

正是这些价值把我们与甘地链接在一起。奠定我们的新民主的基础价值都昭告在人权法案之中，也体现在平等的公民权利之上，它不只是被动地保护人民权利不受政府权力侵犯，更积极地主张所有人都有权过着正直、有尊严的生活。宪法法院被明文要求必须促进开放民主社会的价值。这样的社会必须认知到，所有成员不论尊卑都享有平等的价值和尊严，并且也尊重一个事实，即人与人在外表与内在性格上都有可能是不同的。这些都是甘地的理想。

然而我们在这部宪法之中不只能找到甘地的精神，也能看到尼赫鲁（Jawaharlal Nehru）的哲学。曼德拉的自传取名《漫漫自由路》（*Long Walk to Freedom*）其实便是改编自尼赫鲁的名句——“追求自由没有快捷方式”。印度争取自由的奋斗历程，以及他们如何在民主政治体制中包容多元文化的经验，曼德拉世代影响深远，也反映在我们的宪法条文当中。因此，我们从一个印度伟人，以及另一人身上的悲天悯人与谦冲自牧的精神中，看到了民主的制度化。这两大横跨印度洋而来的助力厥功甚伟，因为它不只是透过文字传递，而且是透过与这两位伟大印度导师共同奋斗的南非人的抗争与被囚经验而来的。

其他的影响来自世界各地，来自非洲其他国家、来自欧洲、来自北美洲和南美洲。普世主义和全球化其实是对立的概念。普世的人权概念并非某一套经过全球化之后，强加于所有人头上的教条。人权不是从某个国家输出到全世界的舶来品。相反的，它来自不屈不挠的奋斗，以及世人所共同信仰的理想主义。国际社会一致遵守的信念原则乃是全球各个角落的人们为了人性尊严而付出的成果。这样的精神激励着世世代代的人权斗士，不分国界，不分年龄，并体现在我国的宪法条文之中，而我，作为宪法法院的法官，矢志捍卫之。

后 记

在一整年繁重的工作之后，我在约翰内斯堡参加了一场轻松有趣的聚会。那是一场充满勇敢和机智的电视连续剧幕前、幕后人员的年终聚会。主办人也就是屋主，乃是导演之一。她父亲在她童年时就被暗杀，是第一批被种族隔离分子派的杀手暗杀的人之一。她甚至眼睁睁地看着父亲在她怀里死去。至今她仍不知凶手是谁。但她没有因此被打垮，并成为有名的电影工作者。

在喜乐的音乐声中，我听到有人叫："哈啰，奥比！"我转身看到一张似曾相识的面孔对着我微笑，他看起来非常愉快。这人又说："哈啰，我是亨利，你记得我吗？"一开始这名字在我脑中完全没有唤起任何记忆，他又说："记得吗？我去……"于是我想起来了，"你到我的办公室，你说你要去真和会……"

音乐震耳欲聋，跳舞的人环绕着我们。我们到角落去以便听清楚对方的声音。他笑容满面。我问他后来发生了什么事。他告诉我说他写信给真和会，尽其所能地告诉真和会他所知道的，并对六件罪行寻求赦免。不久，他花了几个小时回答苏、鲍比、法若克代表真和会所提出的问题，他们都曾在艰困的解放运动期间生活于莫桑比克。我跟这三位都很熟，他们都曾在莫桑比克为自由而战。亨利提到这些人的时候都是直呼其名，而且相当亲切而兴奋。

然后他停下来，看着我说："你说如果……也许……？"我回应："是的，亨利，我说如果你和真和会合作，如果你为南非做点事，那也许我们还会再次相见……当时你答应我，而我现在从你的眼神中知道，你已经说出真相。"

所以我伸手和他相握。

他兴高采烈地离开了，而我几乎瘫倒在身旁朋友的怀里。后来我在一头雾水的宴会主人那听到，亨利突然离开宴会，回家后足足哭了两个星期。

[判例一]

阿扎尼亚人民组织案（续）——了解而非复仇，修复而非报复

以下将用伊斯梅尔·穆罕默德在阿扎尼亚人民组织案的判决摘录，深入说明《真相与和解法》的滥觞。

穆罕默德副院长：

掌权的人开始与曾经被囚禁、被剥夺发言权、因为反抗国家控制而被驱逐出境的人协商，为建立一个不一样的未来而努力。这些协商催生了一部承诺以保障基本人权，并朝更公正、更稳固的民主政治而努力的临时宪法。参与协商过程的人非常明智地察觉到，由于过去历史留下的创伤以及不容否认的不平等，要重新建立一个民主政权是极为困难的。要完成这个艰巨的任务，唯有我们以坚定的决心与慷慨的大度去追求和解与共生。

以下文字摘自南非宪法的结语，其内容清楚地阐述了上述的基本哲学：

国家团结与和解

本宪法旨在提供一座具历史意义的桥梁，以联结这个国家的过去与未来，前者是一个充满了摩擦、冲突、被掩盖的痛苦与不公不义的分裂社会，而后者将以对人权、民主，以及所有

南非人，不分肤色、种族、阶级、信仰、性别的共存共荣的承诺为前提。

欲达国家团结、所有南非人民的富裕以及和平，需要所有南非人民的和解和社会的重建。

本宪法的公布施行提供南非人民安全的保障，以免于过去的分裂与摩擦，与其造成的严重人权侵害案件、对人道原则的暴力破坏，以及充满仇恨、恐惧、罪恶与复仇的恶习。

这些问题现在都可以根据以下共识来解决：我们需要了解而非复仇，需要修复而非报复，需要和解共生（ubuntu）而非寻找代罪羔羊。

为促进和解和重建，我们需要提供赦免给过去因为政治目的或在矛盾与撕裂当中犯下的行为、疏忽或侵害。为达此目的，依本宪法成立之国会应制定法律，限定明确日期，亦即1990年10月8日和1993年12月6日之间，并建立相关的机制、标准、程序，若是需要的话，还要建置法庭，以利该法通过后赦免案的处理。

借由这部宪法和这些承诺，我们南非人民为这个国家的历史开启了新的一页。

依据上述宪法结语的诫命，国会通过了现今一般所称的《真相与和解法》。

为达成功的协商与转型，转型的条件不仅需要过去的受害者的同意，也需要那些会被一个“基于自由与平等的民主社会”给威胁到的人的首肯。如果新宪法没有杜绝复仇与报复持续发生的可能，那么，可能会受到新宪法秩序威胁的人就不可能支持新宪法。若是真的这样，某些人的恐惧与某些人的愤恨将形成威胁，这部宪法所构筑的历史桥梁将是摇摇欲坠的。正是基于这样的考虑，参与宪法协商的人几经思考之后做了一个重大的决定，我们需要了解而非复仇，需要修复而非报复，需要共生而非寻找代罪羔羊。

这结果不论在任何层面都是困难、尖锐的，甚至是极度痛苦的，必须要在过去受到国家暴力侵害的受难者寻求正义的需求、和解的需求，以及迅速转型通往新未来的需求之间，找到一个平衡点。同样的，在鼓励犯错者协助重建真相和因真相而得到补偿的受害者之间、在纠正过去之错误和创造新未来之间，要取得平衡也绝非易事。这是一场在政治、情感、道德、逻辑等种种考虑下极度困难的实验。这个判断工作主要落在转型前及转型过程中被赋予立法工作的人身上。结果也许常不完美，转型正义的追求或许也印证了康德的那句话："在人性这根曲木之上无法造出正直之物。"针对立法者在宪法结语当中选择出来的方法与机制，以及其意味的艰难工作，他人都有理由进行批评讨论。但我们并不在乎该机制是否明智或有效，而只在乎其合宪性。

往昔冲突对立的敌人如今仍同住在一个国度之中。而他们必须生活在一起，并学习如何彼此相处。幸而这个国家如今已经做了最好的准备，能找出最能促进双方和解与重生的管道。这一棘手的任务，南非人民唯有审慎地参考其独特的历史与种种复杂、矛盾的因素，还有其情绪性与制度性传统，才有可能妥善处理。在特殊的条件与环境之下，惩罚在面对过去罪行时能扮演什么角色，这本身就是一个复杂的问题。

[判例二]

迪可可案——名誉如何可用金钱衡量？

萨克斯大法官：

在诽谤案中的损害赔偿……我们把诸如名声与荣誉这样深深内在于一个人的人性尊严之中的事物，当做市场上的商品一样在处理。不像其他产业，荣誉的价格不会标示在股市交易上。对受害者最真实而永久的安慰应该是法院在社会大众面前还他或她一个清白。真正的胜利在于让他或她能够抬头挺胸地离开，并知道即使是那个诽谤其名誉的人也承认了错误……

想要为受损的名誉设法找出一个成比例的补偿金额，这样的想法本身就是不合理的。被污损的名誉要么能够被洗刷清白，要么就是继续蒙冤。较高的金额不能恢复更多的名誉，较少的金额也不会恢复较少的名誉。最终能够还原告一个公道的是，法院能够发现证明其人格的证据，而不是他或她户头里的存款增加多少。

有人主张一个人的名声的价值必须用赔偿金额来予以呈现，但这样的想法是有危险的，它会破坏掉法律最需要恢复的那个东西，亦即，受害者的令名清誉。它是抽象的、社会建构的，但具有重大意义。这类型的伤害需要通达人情世故的法官在常规之外，在诉讼当事人之间做出适当的判决，鼓励双方和解。现行法律对于诽谤罪的处理只会加大双方的裂痕，迫使他们渐行渐远，而不是让他们化干戈为玉帛。如果有一方会胜利，那必然有一方要输，输赢的差距在于赔偿金额的多寡……

我们现在急需的是更宏观的视野，并鼓励使主动撤告与道歉这样的修补式价值（reparative value）能够被引入诉讼程序。用法律术语来说，我们必须重新思考还有哪些补救方法得以让我们抛开传统的思维模式，而专注在人的问题上。首要的目标应该是修补双方的关系，而非惩罚某一方。为了达到这个目的，我们必须将我们宪法所推崇的“和解共生”（ubuntu-botho）这个价值融入诽谤案的诉讼程序当中……

“和解共生”不是一个只是在法官们已经做出判决之后，为了让这个判决看起来更仁慈、更积极正面，而另外找来为判决添加光环的陈腔滥调。它其实内在于我们的宪法，并且与其制定密不可分。从历史角度来看，它是南非人的一道活水源头，激励着我们去追求和解，并驱使这个曾经深深撕裂受伤的社会去搭一座桥，以克服、超越一个支离破碎的过去。用现代观点来看，“和解共生”具有历久弥新且生生不息的特色，代表了人类团结合作的精神，而将自由与平等凝聚在一起，创造出能够支持宪法核心价值的正面且相互支持的协奏曲，“和解共生”完全融入宪法所彰显昭告的基本权利之中，并滋润丰富着它……

“和解共生”也与在国际社会上当红的“修复式正义”（restorative justice）这个概念不谋而合。这观念不但深植于我们的文化，并且也与全球人士努力建立的以修复而非报复为核心的修复式正义体制相呼应。修复式正义的主要元素有四：面对、修补、融合、参与。“面对（对话）”让受害者和加害者谈论曾经发生过的伤害和未来的相处之道。“修补”着重在治疗伤口而非制造另一个伤口。“融合”进同一个社会有赖于双方的尊重与承诺。最后，“参与”需要的是一个较不正式的交流场合，并让双方的亲友也能参与。这些观念与我们国家传统上排解纷争的手法是若合符节的，而其根本精神即为“和解共生”，它已代代相传，且将绵延不绝……

如同修复式正义原则，和解共生的哲学常在刑法中被引用，特别是跟孩童有关的案件。然而它不应该只在这些案件中被引用。在诸如死刑、非法占用一个勉强的栖身之所的人是否应该被驱离等等性质迥异的案件当中，“和解共生”的观念都影响着法律人。最近，高等法院在判决一桩杀人案时，就很有创意地在判处附条件的缓刑时，应死者母亲的请求，要求被告家族中的长老出面道歉……

种种既要恢复个人的公共名誉，同时又得抚平个人创伤与社会伤痛的案例，是我认为最需要善用“和解共生”概念的。我们在这些案子中应该注意的是其和“正式道歉”（amenda honorable）[1]这个罗马—荷兰法学说（Roman-Dutch law concept）[2]的关系……

虽然“和解共生”是南非义，“正式道歉”是法文，且分别来自不同的法律文化，但两者皆有着相同的哲学内涵和宗旨。两者都旨在促进面对面沟通，以利公开排解纷争，恢复群体和谐。在两种法律文化当中，诉讼程序的首要宗旨都在于创造一个良好的条件，以尽其可能地鼓励一方真诚地道歉，一方宽容地接受……

然而今天，整个法庭运作的基本心态，从证据的推导到辩论的呈现，都只着眼于增加或减少赔偿金额，而不是鼓励有人道歉。我认为，以“量”为中心的法庭思维需要修正，如何提供修复双方关

[1] 法国早期的一种处分方式，要求犯人赤足裸身、手持火把、颈套绳环，在教会与众人之前下跪，并寻求上帝、国王与国家的原谅。如今意指一种令人满意的道歉。

[2] 指荷兰人在17、18世纪建立在罗马法之上的法律体系。荷兰人自己在19世纪就废止了这套体系，但它仍然在南非、斯威士兰、印度、东帝汶、斯里兰卡等国家流传。

系的药方需要我们更多的关怀……

值得注意的是，关于仇恨言论，立法机关已经指出它支持新的以道歉为主的补救措施。因此，衡平法院（Equality Court）有权力下令，被告在其他的补偿之外必须正式道歉。我相信这些深深为我们的宪法所拥护的价值，会鼓励我们在诽谤案件中也采取同样精神的措施。在“和解共生”这个核心宪法价值的鼓励下，审判法庭应该设法尝试新的机制，其目的不在于斤斤计较赔偿金额之多寡，而在于帮助各方化解纠纷，圆满和解。问题是，如果法律的愿景依然故步自封，那么，诉讼当事人就不太可能透过直接且有尊严的交流互动来修补关系。结果，道歉将仍被视为减低伤害的技术性手段，而不能发挥拨云见日、一扫阴霾，让各方重修旧好的主要模式。

我想要澄清，特别强调修补双方关系并非意味着要完全排除损害补偿金额。在我们的社会，金钱的作用有如牲口，有其重要象征意义。只要我们仍处于金钱主导的世界，损害补偿便需要被保留，以作为一种吓阻违法的手段。因为即使是最让人没面子的道歉（不论真心与否）也不花费当事人一毛钱，许多匪类恶棍将相当高兴只要道歉就好——“毕竟只要说几句话而已”。除此之外，众所皆知，一个人的名誉一旦受损就很难借由公开道歉获得完全的澄清，伤害性的言论通常会一直留在人们的记忆里。所以即使损害补偿无法疗愈诽谤，仍能对意图诽谤者造成威吓，并能对受害者无法挽回的清誉带来些许实质安慰……

在道歉与金钱赔偿之间，我们需要有更具弹性、更具创造性的思维。从“和解共生”和“正式道歉”这两个概念的交集之处着手，我们也许可以找到更佳的补救措施，前者蕴含一种新精神，后者是一种经过时间考验的法律形式。不论我们采用多么创新的方式，也不论事实在每个具体案例当中对结果会有多大的影响，法律若是能提供更多的补救措施以供选择，当事人之间就越有可能实践正义，我们也更有希望实践宪法所憧憬的人性社会……

[判例三]

伊丽莎白港市拆迁案——法律应以仁慈与悲悯为念

以下系摘录自我在伊丽莎白港市拆迁案中所做的判决。该判决指出，若未经进一步的谈判调解就将身无分文的黑人自搭建在白人土地上的简陋木屋中驱逐，那将是不正义、不公平的。

萨克斯大法官:

当无家可归的人被迫四处寻觅供家人遮风避雨之栖所时，不只是穷人们的尊严受损而已。我们整个社会也会因为国家没有设法帮助、反而恶化他们的不幸而蒙羞。赤贫者需要最基本的物资以过着勉强有尊严的生活，当他们的这种需求一再被拒绝，而国家的行为非但没有帮助满足他们的需求，反而将其拒之千里之外时，我们宪法所保障的基本权利就破产了。是以，我们需要一个特别的司法审查过程，以处理充满压力与冲突危险的社会争议。

在《禁止非法强拆和不正当占有法》(Prevention of Illegal Eviction and Unlawful Occupation Act，简称“禁拆法”)的内容中，正义与公平两个词汇蕴含的标准并非只是一般土地法条文中的技术性规范。强调正义和公平是禁拆法的中心哲学和策略目标。法治与促进平等有时被视作不同且甚至是矛盾的目标，但禁拆法把它们当做是彼此相关、互补，且相互强化的。若没有对每个个案的实质内容进行详细分析，必要的和解就不可能达成。法院因此被要求在它的例行工作之外多做一点，在以公平为原则的前提下，对当前充满矛盾的法律与社会争端进行更积极的司法管理。这对法院应该如何处理这些议题有很大的影响，譬如说，法院要如何追查证据、采用何种程序、如何施展权力且要如何判决……

我国宪法和禁拆法要求法官在考虑合法性之外，也得判断占有者的利益和处境，并以宏观的视野将公平性与其他的宪法价值一并纳入评估，如此才能获致正义与公平的判决结果。所以，禁拆法明确要求法庭在法律的一般架构之外，须以仁慈与悲悯为念。这要求法院实行一种一贯的原则以平衡各方的利益，并推动宪法所憧憬的一个能够敦亲睦邻、相互关怀的温暖社会。我们的宪法和禁拆法都相信人并非孤岛。"和解共生"的精神，不但是南非人民固有的传统文化要素之一，也紧紧交织在我们宪法当中。它将个人权利与人权法案的中心思想融合在一起，而后者不外乎是我们的新社会对人性尊严、关怀，以及相互需要的结构性、制度化、可执行的宣言……[1]

过去我们国家在宏观层面上所承受的不公不义，使得今天法院要在微观层面上达到公平变得十分艰难。司法机关本身无法矫正所有我们社会上的系统性不平等。然而，面对无法享有公平资源的

[1] 原注：伊冯·莫哥罗（Yvonne Mokgoro）大法官在一个宪法法院解释死刑违反人权法案的案子中，如是解释"和解共生"：

"和解共生"通常被阐释为"人道主义"（humaneness）。其最深层的意涵应该可以被翻译为人性（personhood）与道德（morality）。用象征性的方法来说，就是umuntu ngumunt ngabantu，意指在族群的生存与繁衍问题上，群体的团结至关重要。它包含的概念有团结、慈悲、尊严、服从基本规范与集体合作，但其核心还是人性与道德。其精神强调尊重人性尊严，用和解取代对抗。在南非人建立民主的道路上，"和解共生"的观念特别引起共鸣。这是我们缤纷绚烂的文化传统的一部分，而它在过去和未来都可能在不同的社会形式下呈现不同的样貌。在西方文化传统下，尊重生命的观念体现在"人性"（humanity）和荷兰文"人的尊严"（menswaardigheid）这样意味深长的概念之中，而且被人人尊奉为圭臬。这些价值正是我们的宪法要推动的。它们能为一个自由平等的社会的原则赋予意义与肌理。

弱势族群即将被迫驱离，司法机关至少可以设法减轻不公义、不平等的程度。正如同德国联邦宪法法院第二宗堕胎案的少数意见书所指出的，有些因为不同价值观而产生的问题是如此根深蒂固地内在于我们的社会，以至于无论是立法或是司法单位都无法用一个“正确”的答案来予以“解决”……

因此，在处理禁拆法所导致的两难时，法院应当尽力善用其所能运用的证据与程序资源……

在寻求前述矛盾的解决之道时，正义与公平的程序及实体面向不能被拆开理解。法院的角色或许需要一点创新的思维。是以，一个兼具尊严和效率的达到不同利益之间的和解方式，乃是鼓励并要求双方以积极主动和诚实的方式与对方互动，以寻求大家都可以接受的解决方案。只要有一丁点的可能性，都应该先尝试互相尊重的面对面沟通或经由第三方调解，而非直接采取零和游戏式的对立……

强制调解（compulsory mediation）是现代国家的普遍趋势。然而必须注意的是，“强制”之意在于强制参与，而非强制以调解解决争议。在南非，许多劳资纠纷案件在告上法院之前的调解或和解乃是必经程序。家事纠纷的调解状况也类似如此，虽然其调解并非强制，但在判例之中越来越常见……

基于上述理由，想要国家执行强制驱离的人应该被劝说放弃一种观念，即那些脸孔模糊、身份不明的非法居民应该被当做社会的毒瘤一样被赶走。我国宪法不容许这种因循苟且的手段。正义与公平要求我们把每一个人都当做有尊严的个体来对待。同时，这些因贫困、无家可归而被迫住在他人土地上的破屋里的人，也不应将自己视为无助的、没有道德能动性的受害者。他们以坚忍刻苦的精神与创意巧思在断垣残壁中搭起房子，找到工作，让孩子接受教育，凡此种种均足以证明他们的求生能力和适应能力。正义与公平也要求他们运用同样的能力来克服他们的苦难，并以所有可能的方式来取得合宜的住所或土地……

调解不只可以减少诉讼费用，也可以避免司法争讼所造成的紧张对立。借由双方共聚一堂，缩小歧见，磋商相互迁就妥协，调解者将能找到圆满的解决方案，这可能是壁垒分明的司法程序所达不到的。原本花费在令人不快且将争议极端化的诉讼费用，可以改用在一个可能得到双赢结果的方法上，而且还有推动我们对人性尊严之尊重，以及强调我们可以在同一社会里共存共荣的附加效果……

在南非这个群众曾被深深撕裂且彼此敌对的社会里，调解的角色益发重要。调解过程让双方能够以务实、合乎情理的方式联结在一起，并有希望能够在未来建立一个相互尊重友爱的社群。最需要调解的便是禁拆法所处理的夹杂复杂情绪、历史因素的问题。基于禁拆法第六条强制驱离程序中牵涉到的矛盾利益的特殊本质，撇开少数特殊状况，若没有先尝试适当的讨论、寻求可能的调解，强制驱离命令将会是不正义和不公平的。

[判例四]

S v M案——孩童的尊严与权利

在青少年案件的处理上，修复式正义已逐渐取代惩罚性正义而成为主导原则。在宪法法院处理的案件中，就算要坐牢的不是孩子而是孩子的母亲，孩子的权利也需要列入考虑。某位母亲在保释期间被发现再次犯了信用卡欺诈罪，她请求要在监狱外的矫正机构受刑。在多数意见书之中，我强调在类似案件中宪法要求法院必须特别留意主要监护人入狱对孩子的影响。在顾及小孩的权利以及依循修复式正义的双重目标之下，最后我们判决母亲可以不用入狱。十位法官当中有三位不同意事实部分的陈述，而倾向在可以让她提早假释以接受矫治的前提下送她入狱。

萨克斯大法官:

每个孩子都有他或她自己的尊严。如果宪法认为孩子也是一个具有独特个体性的人，而不只是一个还没长大的未成年人，他或她就不应该被视为与父母的脐带绑在一起的附属品，其命运非得与父母一起浮沉不可。在南非宪法人权法案关于孩童权利保障的第二十八条当中，有前所未有的详尽且充满解放意味的规定，主张父母的原罪和创伤不应该牵连到孩子身上。

不论作为个人还是群体，孩童都有权利在社会上像一个独立个体那样去表达自我，发出自己的笑声与悲伤，去玩耍，按照自己的意愿去想象与探索，去了解自身的身体、心智与情绪，而最重要的是在成长过程中去学习如何在复杂的成人社会与道德世界中立身处世，并做出自己的选择。而国家保障孩童人权的最基本工作便是尽可能提供安全的呵护环境，让孩童远离暴力、恐惧、匮乏、创伤……

（面临牢狱之灾的母亲）接受矫治监督的好处是，这方式提供了监狱不能提供的修复式正义。修复式正义的要旨便是认为小区才是控制犯罪的主要场域，不是执法机关。因此，我们法院发现修复式正义的优点之一就是让违法者在小区中复原，并可免于监狱的负面影响和对家庭的破坏。它的设计在于让他们在小区中接受惩罚与治疗，如此一来，他或她的工作与日常生活仍能保持原样，也不致接触到监狱的负面影响。

以下事实间的平衡是必要的。M 在过去七年展现出重新过 种有建设性的生活并经营自己事业的积极正面态度。报告显示她在这段期间没有任何不诚实的行为。她有固定住址，并被评估为适合接受矫治监督。尽可能减少囚犯人数对社会大众是有利的，反之，将她送回监狱似乎是表示小区生活环境无法治愈她的道德过失。我不认为小区生活环境没有这个能力。我也不相信同个小区里的人一点都不关心他们的邻居的道德健康状态，而只想眼不见为净。M 已展现出重新做人的意愿。正如许多判例指出的，任何人不该只因是累犯就被排除于接受矫治监督的机会之外。

以上不应该被解读为法院认为她的罪行是轻微的，也不应该被解读为我们不在乎 M 的信用卡欺诈带给受害者的痛苦和损害。即便如此，我的结论是，在 M 这个案件中，她的小孩、整个小区，以及未来将从她的收入中获得金钱补偿的受害者，都将因为她在小区接受矫治而非被送回监狱而获益。

第四章

理性与热情

> 日后若有认真的研究者细心地整理我潦草记下的所有笔记，他们会发现上面可能残存许多水滴留下来的痕迹。令我讶异的是，这些即兴、随意的挥洒反而是最受欢迎的珠玉之论。

虽然判决是我自己写的，但我必须要说，和其他大法官一样，我在判决中展现的思考都汲取自宪法这座智慧之泉。我在宪法法院的同僚以各种方式去克服、解决种族隔离所造成的屈辱与不义。这部宪法的核心精神是反种族主义。事实上，宪法条文就是缔造于我们这个世代手中。它预设宪法法院的角色是积极能动的，愿意介入种族歧视、性别歧视和社会不平等的深层问题，寻找原则融贯和具有可行性的解决方案。而其条文也明白表示，希望我们应该力求置身于具有前瞻性的国际法学主流思潮当中，与之互相参照。

然而，尽管启迪我们思想的是同一个源头，同事们彼此也相处甚欢，但法官工作的本质却是孤独的。我判决的方式与风格一向与其他同事有所不同，这件事让我更加觉得孤独。幸运的是，在两个意想不到之处我遇到了慰藉。第一个慰藉是我发现在一个社会和历史环境与南非完全不同的国家中，有一个法官，极杰出的法官，也受到同样的思考动力驱使。他就是曾经任职于美国联邦最高法院的

小威廉 · 布伦南（William Brennan, Jr.）大法官。

在美国讲学时，我很喜欢让听众猜猜我最常在判决中引用的两位美国大法官是谁。答案是能够以极其动人的方式阐述深奥、细腻法律理论的罗伯特 · 杰克逊（Robert Jackson）大法官，以及善于用个人独特的口吻、有理有节地传达进步主义司法愿景的布伦南大法官。一位听众告诉我他写了一本布伦南大法官的传记，并送我一本。其中有一篇是布伦南大法官为了向本杰明 · 卡多索大法官致敬而发表的演讲，这段文字充分说明了我的法哲学。布伦南大法官开头就指出，卡多索大法官提醒美国人民要注意司法判决过程中的人性面，亦即，判决一方面不只是将纯粹理性运用到法律争议之上，另一方面不可能让法官完全按照自己的意志与热情来判案。相反的，判决是理性与感性、意识与潜意识两股力量融会之后的作用的产物，没有一个法官能够免于这种影响。布伦南大法官的理论是，这两股力量的交会、理性与热情的内在对话，非但不会有碍于司法程序，相反的，它正是司法程序的活力来源，尤其是在宪法解释方面更是如此。对此我是由衷地同意。

布伦南大法官指出，在 20 世纪之初，对理性的关注是如此的强烈以至于我们的视野里容不下其他，而法律社群亦认为理性以外的观点将会严重危及司法机关的正当性（legitimacy）和权威性（authority）。在他看来，更大的威胁其实是法律社群不了解理性以外的其他特质在司法程序中也扮演重要的角色。因为忽视了其他特质，司法部门错失了许多能够滋养丰润理性，使其蓬勃昂扬的其他重要特质。布伦南大法官以“热情”（passion）来含括这些特质，这个词经过他深思熟虑而选用，因为这个词涵义很广，而且包含了许多看来像是与“理性”对立的观点。所谓的“热情”，根据他的看法，包括了对事实与观点的情绪性与直觉性反应，也就是在我们的理性还没开始推展三段论法（syllogisms）之前，就潜入我们意识之中的反应。他引用卡多索大法官的看法，法律也可以一针见血地让人有直觉性的顿悟，也能让人有豁然开朗的启发。布伦南大法官延续他的观点并指出，想象力的源头与其说是逻辑，不如说是人类的生命经验，那才是让法律得以运行并有意义的场域。细心留意一个人的直觉与情绪，审慎观察人类的生命经验，是司法程序需要的，而不是该避免的。这是我们需要呵护的而非感到害怕的。

布伦南大法官的结论是法官身负重大的责任，而这个责任来自成文宪法的文本开放特性，以及透过不同方式来调和各种原则与热情。而宪法解释的工作，特别是在最高法院[1]这一层级，常是令人望之生畏的。不论一个人曾经多努力钻研或思考宪法，宪法解释的责任之重，往往也不是大法官能预期的。大法官经常挣扎于追求法律解释的稳定性，这种挣扎是如此真实及持续，因为它涉及我们对于自己做出的解释是否有信心可以成为未来的法律原则。然而，就算理想中的稳定性永远无法到达，大法官仍然必须为之努力，因为唯有每个世代的大法官都能贡献其经验与智慧、其热情与理智，法律才有进步的希望。再一次，我又由衷佩服布伦南大法官的观点。

我获得慰藉的第二个来源则完全是个惊奇。当我看到其他国家的法官引用我的判决时，我总是觉得新奇有趣。而且我注意到，他们引用的判决都是我在放下法律工作、心中想着别的事时，意识最

[1] 美国联邦最高法院（The Supreme Court of the United States）不仅是普通法院的上诉审，也是合宪性控制的最高层级法院，就此部分而言，与德国或南非的宪法法院相同。但由于美国采取分散型的宪法解释模式，因此各级法院也都可以针对系争法律是否合宪表达见解，和集中型的宪法法院模式不同。

深处突然蹦出来的灵感。以下我将举一些例子来说明这些经验。

针对死刑，我曾在一个判决里说了一段话。当杀人者被处决了，他或她反而获得了畸形的道德胜利，因为国家执行的死刑会降低社会大众对蓄意杀人的厌恶感。在一本写给英国和各国读者的死刑研究专书里，安德鲁·卢瑟福（Andrew Rutherford）教授在前言引述了这句话。而我也记得当初是怎么写下这句话的。我们南非宪法法院的第一个案件就是关于死刑的合宪性，这个案子引起了各方激烈的讨论和余波荡漾的情绪反应。而为了让我的思虑和情绪能有片刻休息，我偶尔会让自己享受泡热水澡。也就是在一个这样让人昏昏欲睡的时刻，突然天外飞来一笔，让我想起了日后被鲁斯佛教授引用的这句话。在我所有的判决中，这句话是最没有经过理性推敲、最未经深思熟虑的，但却也是流传最广的。

不久之后，英国上议院司法委员会（Judicial Committee）[1]的约翰·斯泰恩爵士（Johan Steyn）寄给我一份他所撰写的判决书片段，该判决处理一个很技术性的问题，关于某法条中举证责任倒置对于无罪推定原则（presumption of innocence）的影响。“举证责任倒置”要求在特定状况下，举证责任转换到被告身上，因此被告需要提出其他事实来证明自己是无罪或不具有可归责性。这种法律原则的运用结果，是否违反了无罪推定原则？斯泰恩爵士引述的话大意是，刑事案件中的无罪推定原则在本质上有个矛盾：越是重大的犯罪，越是众人皆曰可杀，越须坚守被告的无罪推定。这又是一个当我懒洋洋地泡在浴缸里时的突发奇想，一样一开始让人吃惊，

[1] 在 2005 年《宪制改革方案》生效前，上议院的司法委员会亦即英联邦司法体系的终审法院。依据普通法传统，该委员会成员对于英国不成文宪法的阐释与案例适用，具有最终的拘束力。

但其实却是再合情理不过。

我猜，日后若有认真的研究者细心地整理我潦草记下的所有笔记，他们会发现上面可能残存许多水滴留下来的痕迹。令我讶异的是，这些即兴、随意的挥洒反而是最受欢迎的珠玉之论。当然，它们并非真的凭空而来。在这些想法从石头里蹦出来之前，要经历几周甚至几个月严谨、理性的探索，要阅读几百页的法律报告、教科书、论文，以及与同事的论辩激荡，如此我的脑中才会先有各种点子的雏形。然而，也唯有当我接近我的佛教徒朋友称之为“入定”的状态，这些论述才会仿佛无中生有般浮现在我的脑海中。第二章中所讨论的四种逻辑，即发现、证立、说服，与增色润饰，竟在刹那间一气呵成。

在一桩事关囚犯之投票权的案件中，我也有着类似的经历。当时我正困惑着为什么我对这个议题有特别强烈的感觉，结果正当我放空思绪的时候，突然就顿悟了一个道理。我倏地跳出澡盆匆匆写下，不只是因为投票是每个民主国家的公民都应享有的民主权利，更因为这个得来不易的权利涉及每个人最根本的尊严，因为投票权把这个社会里面最高不可攀和最谦卑低下的人都联结在一起，而且如实地传达“人人一票、票票等值”的讯息。这个道理其实早已在我脑海中形成，只是在那个瞬间从各种杂乱又矛盾的念头中脱颖而出，并将它们全部调和融会。此外，这个概念与它的表达与修辞方式也是同时诞生、不可分割的。后来，这段话被加拿大最高法院在一个类似案件中引用。这个概念的创造过程并没有用到笛卡儿式的抽象演绎。但它却漂洋过海，被一个我向来景仰的法院引用。

我必须强调，南非宪法法院的其他大法官的判决也曾被国外法院引用，但我从未和他们讨论过他们是在什么样的环境中获得这些想法。我猜，如果被认真追问，每个人都会回想起灵感就在他们心不在焉的时刻不请自来，例如在莳花弄草时、在跑步时、在洗衣服时、在爬山时，甚或是在一趟无聊的旅程中握着方向盘时。我明确记得某位同僚说，有次他在判决当天早上淋浴时，想到了一个令所有人折服的论证。

据说阿基米德在他泡澡时有所谓的“我发现了！”时刻，但我怀疑把自己浸在热水中和提升创造力之间有任何的关联。不过，我现在的确变得更爱泡澡了，也不认为本院的判决因此蒙受任何损害。不过，巧妙的是，我最初三次被外国法院引述的判决，都是在我最没有严肃思考法律问题时所想到的。

对此我有两个结论。第一个是显而易见的，这么说吧，当裁判的论证都已经充分形成时，热情的生命经验必然会逐渐扩散，并影响不带一丝情绪的理性思维。另一个结论比较不明确，即生命经验对法律思维的影响不是线性、可预测的。因此，成长于一个强力反对宗教的家庭环境中的我，理论上应该对要在公共领域中保护宗教情怀的呼吁比较无法感同身受。然而，我小时候没有信仰却就读于一所宗教学校，这个经历大大地让我对宗教良心保持着同情的立场。这种倾向呈现在我另外一个在澡盆中想出来的判决里，而且还被英国上议院引用。该案强调国家应在合理的范围之内，让宗教信徒免受一般性法律的规范。

[判例一]

刑事诉讼的核心矛盾——无罪推定原则

英国上议院司法委员会斯泰恩爵士关于2001年蓝博特案[1]的演讲摘要。

斯泰恩爵士:

在2001年的麦金托什案[2]中,宾厄姆首席大法官[3]参考南非宪法法院萨克斯大法官在1997年柯慈案[4]的判决。萨克斯大法官对于无罪推定的说明可说是入木三分,因此值得在此全文引述(原判决第677页第220段):

> 在无罪推定原则的核心里有个矛盾:越是重大的犯罪,越是众人皆曰可杀,宪法对于被告所提供的保障就越显重要。若以涉及基本权利的比例平衡当做出发点的话,确保清白无辜的人不会蒙受任何的罪名、羞辱、刑罚的公众利益,远比确保罪犯必须被绳之以法的公众利益更为重要……因此,无罪推定原

[1] R v Lambert [2001] UKH37.

[2] H M Advocate v McIntosh, P.C. (5/2/2001).

[3] 汤姆·宾厄姆勋爵(Lord Bingham of Cornhill),曾任英国上诉法院民事庭首席大法官(Master of the Rolls)、高等法院刑事庭首席大法官(Lord Chief Justice)、上议院首席大法官(Senior Law Lord),是英国地位最崇高的司法人员。著有《法治》(*Rule of Law*)一书。已于2010年去世。

[4] State v Coetzee [1997] 2 LRC 593.

则不只是为了保护个案中的人，也是为了确保社会大众对司法长远的公正性与安全性的信心。因此，特别指出某类犯罪的普遍或严重都不应该破坏这样的优先级。前人在思考无罪推定原则时，本来就已经考虑过重大恶行的可能性了，因此不应该因为某罪行特别令人发指就改变了预设的原则。若非如此，谋杀、强暴、劫车、侵入民宅、毒品走私、贪污等各式各样犯罪，都可以被说成是潜藏在所有角落而且危害甚巨，就都可以免受无罪推定的束缚了，或许，它残留的一点价值就变成替那些最无关痛痒的罪行尽力辩护。

[判例二]

投票权的意义——尊严与平等的象征

一般人该如何看待囚犯争取在大选中能投票这件事：他们自作自受？或是他们的基本权利被剥夺了呢？以下是我在担任宪法法院法官时写的一段判决，该判决认为囚犯不能因为一纸行政命令就被剥夺投票权，唯有符合宪法诫命、经国会通过的法律才能剥夺囚犯的投票权。请参考 1999 年的奥古斯都案。[1]

萨克斯人法官：

成年人的投票权是我们宪法秩序中的基本价值。这项权利的取得具有非凡的历史意义，一则是因为它表示所有南非人，不分种族，都取得了完整、有效的公民权，一则是因为它意味着我们国家开始平等接纳所有的人。人人有选举权不只对国家重要、对民主重要，每个公民的选举权就像是象征着个人尊严和人格的勋章。它表示所有人都是平等的，正如每个人的那一票都是等值的。在一个财富和权力差异如此大的国家，人人有选举权无异宣告了不论贫富、贵贱，我们都是民主南非的一员，且我们的命运都与这个国家休戚与共。基本权利的限制必须要有正当理由，而与投票权有关的法律应该被解释有利于选举权的行使，而非相反。

---

[1] August v Electoral Commission and Others (1999).

[判例三]

宗教豁免于一般性法律——当信仰与法律相互抵触

民主国家应该在多大的范围内容许宗教团体的成员可以不遵守一般性法律？以下是英国上议院司法委员会的沃克法官（Robert Walker）在2005年的教育及劳动部案[1]中的意见。

沃克法官：

请容我引用南非宪法法院最近的南非基督徒教育案[2]。该案和本案牵涉的议题相同，但脉络却不尽相同。不同的脉络是因为南非宪法条文规定、独特的历史和社会背景所造成的，该国宪法法院格外重视后者。即便如此，我发现萨克斯大法官主笔的判决对本案非常有参考价值，特别是第68页至第70页（亦即第33段至第35段）的综合讨论。萨克斯大法官在第35段提到：

> 任何一个以人性尊严、平等和自由为本的开放民主社会都必须审慎正视良心与宗教自由的问题。而这个问题最根本的困难是，民主体制要给予宗教团体多大的空间去决定哪些法律是他们会遵守的，哪些又是他们不会遵守的。一个社会唯有所有

[1] R v Secretary of State for Education and Employment and others ex parte Williamson and others [2005] UKHL 15.

[2] Christian Education South Africa v Minister of Education (2000) 9 BHRC 53.

的成员都同意某些基本规范与标准是有约束力的，才能凝聚在一起。因此，宗教信仰者不能以信仰为理由，主张拥有自动免受这片土地上的法律管制的权利。然而，与此同时，国家应该在合理范围内，尽力避免逼迫信仰者必须在忠于信仰与恪守国家法律之间做痛苦且沉重的抉择。

第五章

法律与幽默

幽默是民主社会里的伟大润滑剂。它用一种非暴力的方式呈现这个社会上的暧昧与矛盾，让社会上诸多的不满以自发的、富有创意的方式抒发出来。最终，幽默可说是让宪政健全发展的灵丹妙药。

一切是如此的平静和死寂，全然的无声无息，连一点动静都没有。如果我死了，我不会知道。如果我还活着，我也不会知道。我对什么都没有感觉，对我自己没有感觉，对我的周遭没有感觉，对任何人、任何事都没有感觉。

“奥比……”，黑暗中突然有了声音，不是旁人提到我的名字，而是正对着我讲话，用那柔和而平静的声调唤着我的名。“……奥比，我是伊沃 · 加里多（Ivo Garrido）……”他的语调充满了同情和温柔，我认识艾佛，他是位杰出的年轻外科医师，更是我的好友。“……你现在在马普托中央医院……你手臂的状况令人同情。”他用了个优雅的葡萄牙词汇来形容我的手臂，相对于英国文化，莫桑比克文化真是细腻啊！出院后我一定要跟他讨教是哪个字。“……我们要开刀，答应我，你会坚强地走下去。”

一种全然的欣慰、安详与喜悦包覆着我，我在前莫桑比克解放阵线（Frelimo）[1] 手上，我在莫桑比克政府手上，我安全了。

“发生了什么事？”我对着黑暗发问，我的神智被艾佛的声音唤醒了，我又能与人交流对话了，我又是一个活生生的人。

在我耳边有个我想是女性的声音回答我，“……汽车炸弹……”听到这我怔了一下，我内心笑了，向无垠无际的虚空笑了一下。

当我再次有感觉时，人已经在别的地方了。我躺在沙发上，身上有条凉爽干净的毯子，我可以感觉到我的身体，我能动能思考，甚至能开自己玩笑。每个东西仿佛都光明而美好，而我对这一切都感到快乐与好奇。这是重新了解和探索自己的好时机。我怎么了？我还剩下什么？又伤了什么？我当时的感觉很棒，思路很清晰，而不只是模糊的感觉。但也许内在正在崩解……

让我来检查看看……我突然想到一个笑话，一个从以前就知道的笑话，从我们犹太人还在用笑话来抵抗压迫和羞辱的时代以来，从我还是年轻学生时，我的登山朋友每周都讲一个笑话给我听的时代以来，就知道的笑话。当我告诉自己一个笑话时，我对自己微微笑了，我觉得很高兴自己还活着，因为我能够告诉自己一个关于希米·柯恩（Himie Cohen）跌下公交车的笑话，当他爬起来的时候，他似乎在身上画了一个很大的十字架记号。

一个朋友看呆了。“希米，”他说，“我不知道你是天主教徒。”“你说什么天主教徒？”希米回他。“就是你刚刚做的检查眼镜、睾丸、钱包、手表的动作啊。”[2] 我的左手能动，能做出我想做的

[1] 成立于 1962 年的莫桑比克独立运动组织，信奉共产主义。莫桑比克独立之后成为执政党，但旋即因为其一党专政遭到反对而引发内战。其反对者之中包括了南非的少数白人政府。

[2] 当希米·柯恩用手做身体检查的时候，手依序抚摩眼镜、睾丸、钱包、手表的动作仿佛是在身体上画了一个十字架，因此让人误会他是天主教徒。

动作。嗯，既然是用左手，我决定把顺序调整一下，相信希米在这种情况下不会有意见的。“睾丸”，我的手往下摸，毯子下的我光溜溜的，所以很容易就能摸到我的身体，我的阳具还在！我的老鸡鸡啊！（当时我独自一人，这么说应该无伤大雅吧。）这家伙曾经带给我许多的欢乐与哀愁，我相信往后它也会继续带给我许多欢乐或悲伤。接着检查蛋蛋，一、二，两颗都在！既然在医院中，也许我该称它们为睾丸以示尊重。我弯曲手肘，人又有了欲望是多么的美好，其次就是能做我想做的事情。我把手移到胸口，能自由移动身体真棒啊，人体真是美妙的艺术品啊！“钱包”，我的心脏还在，肋骨一根不少，血液还在流动，人体的中心，所有你视为理所当然的部分都在，我好好的，我会继续活下去，坚强地活下去。“眼镜”，我把手指头放在额头上，没有伤口、没有碎裂，而且我知道我现在神志清醒，黑暗渐渐褪去，不像之前那么漆黑了。“手表”，我的手从肩膀、上臂一路摸下去，突然摸不到东西了……所以我失去了一只手。艾佛并没有告诉我是哪只手，也没说可能会截肢，也许在他的言谈中有暗示，但我没听出来吧？既然刚刚我都用左手在检查，所以我失去的应该是右手。结论就是我失去了一只手，就这样。我失去了一只手，就这样。他们试图谋杀我、将我炸得粉碎，但我只失去了一只手。“眼镜、睾丸、钱包、手表”检查完成，我自嘲，故我在。

这是个笑声洋溢的时刻，所有的听众都发出了如雷的开怀笑声。我会一直说这故事，而且雅各布·祖马[1]，他在我出院后代表非洲人国民大会的领导阶层来探视我，他更是从奚落我的过程中获得许多乐趣，不时爆出笑声，用这种富有抑扬顿挫的呼应来平衡我的

[1] 雅各布·祖马（Jacob Zuma），现任南非总统，同时也是非洲人国民大会主席。

讲述；在此起彼落的笑声中调整我的讲述方式，并从中也得到喜乐。

我慢慢地跟祖马讲医院这段经历，听到艾佛·贾瑞多医师的声音和他用委婉而礼貌的措辞来描述我手臂的状况（大笑），讲到他跟我说要开刀，还要我坚强地走下去那段（含蓄的笑声），以及我庆幸为莫桑比克解放组织拯救的心声（这个笑声来自感激，感激长期以来有这么好的同志，以及用感恩与不吹嘘的方式来讲这个故事）。

讲到故事结尾时，我俩正一起用午餐。“你说什么天主教徒？……还有什么眼镜、睾丸、钱包、手表？”祖马听到这边笑得不可遏止，他的嘴巴大开，笑到全身前后颤抖，他的眼神充满了同情的笑意。我被这情境感动了，被我们之间真挚的互动感动了。这就是非洲人国民大会，我们加入这个组织后并不会抹去个人特质和文化，而是把每个成员的特质和文化带到这个组织里面，互相分享。祖马的非洲性、他重视对话和幽默的祖鲁特质，和我的犹太笑话融为一体，滋润它，并延长和加强了这笑话带来的欢乐。我们很亲近，但我们不必成为对方、不必改变个人品位、不必改变想法和做事的方式，相反的，我们将彼此的文化差异融入到整体的文化脉络中。这就是我们将来要重建南非的方式，不是像压路机一样把不同文化碾平，而是把不同文化都找出来，将它们视为同一棵大树的不同树根，也许有些根比较强壮，但大小树根都是这棵树力量和美丽的源头。

法庭上的笑声

法庭上的笑声是一回事，但法官们如何看待笑声又是另一回事了。有时候，法官最冷的笑话都能让律师与旁听观众行礼如仪地大笑。我相信这不只是出于对法官的谄媚，反而更像是弗洛伊德关于小聪明和潜意识的一个小实验的结论：是焦虑引发了笑声。每当图图大主教说起上帝是有幽默感的，结果总是得到听众咯咯的笑声以为回报，这又是因为释放焦虑而引发笑声的例证。然而，如果上帝有幽默感，那法律有幽默感吗？法律和公共生活中的焦虑可以借由笑声化解吗？这就是我在“笑笑就好”案中所处理的问题。

[判例]

"笑笑就好"案——言论自由的寒蝉效应

在本案中，宪法法院判决不禁止某T恤厂商对某公司商标的讽刺性改编使用，因为其对商标所有人财产权的侵害远不及保护言论自由的重要性。在协同意见书中，我特别针对欢笑在民主社会中的作用提出意见。节录如下：

萨克斯大法官：

法律之中有幽默感吗？这个难题每每在商标权保护的案子中出现，在其对立的两造之中，一方是需被言论自由原则保护的讽刺性作品，一方是同样强而有力的财产权原则。然而，参考世界各国的判决经验之后我们会发现，各国法院不但没有树立一个明确的方针，我们反而能从千变万化的判决当中看见法律的幽默。

在本案中，一位新闻学研究生与几家大企业杠上了，他将自己的公司称为"笑笑就好"，他毫不掩饰地将大企业商标或文字戏谑改造，然后印在T恤上出售。受害者之一，"南非酿酒公司"（South African Breweries）发现其知名商标被改编后印在T恤上并公开贩卖。"黑标"（Black Label）和"卡尔林啤酒"（Carling Beer）商标分别被改为"黑劳工"（Black Labour）和"白人罪恶"（White Guilt），而说明性的副标"美国最生猛有力的啤酒"和"南非酿造"则被改写为"非洲自1652年以来最生猛有力的剥削"和"全球无人喜爱”。可想而知，“南非酿酒公司”是笑不出来的。该公司前往开普敦高等法院声请禁止该T恤的流通贩卖，并获得胜利。

“笑笑就好”公司不服判决而决定上诉，但南非最高上诉法院法官同样不觉得这是一种幽默的表现。判决认为将种族剥削的形象加诸“南非酿酒公司”受保护的商标对该公司有害，更何况这么做的目的是贩卖T恤以获取金钱利益。最高上诉法院判决维持对该T恤的禁令。这个判决的效果非常矛盾，一方面“笑笑就好”的品牌一下子打开了国内外的知名度，另一方面它也面临破产危机。随后，这个案子上诉到了宪法法院。

这个案子的核心问题在于“笑笑就好”故意且明确地使用“南非酿酒公司”的商标，且还别有用心。它使用对手的品牌来挑战“品牌”这回事，借此凸显不只在南非，在世界各地都以商标法打压言论自由。这是一步精心设计的险棋，而该公司的宗旨就在于颠覆与挑衅。另一方面，一个讽刺作品如果没有尖酸挖苦的效果，那就失去意义了。我们要解决的，不是这个讽刺作品是否触怒我们，或“笑笑就好”的行为是否勇敢、莽撞，或是好笑或愚蠢。我们要衡量的是“笑笑就好”的行为是否合法、合宪。我的答案是极度肯定的，理由如下。

讽刺作品自然是有矛盾性的。好的讽刺作品既是原创的，也是寄生的，既是新创造物，也是衍生物。而商标和讽刺作品的关系便是，如果讽刺作品和其寄生的商标没有高度相似性，一般大众就认不出那商标，也就无法理解作者的幽默。相对的，若是讽刺作品和原商标太过相似，不论其有多幽默，都会因为太少原创性而被视为侵害知识产权。

讽刺作品的确是挪用与模仿，但也包含匠心独具的移花接木。

最重要的是，讽刺作品其实默认了模仿对象的权威性与实际效果。讽刺作品保留原作的意象，并依赖观赏者的能力来辨别其相似性并解读或“破译”其中的暗示。换句话说，观赏者和作品的创造者进行了多种的交流，以呈现该讽刺作品。与以欺骗为目的的剽窃者不同的是，讽刺者依赖观赏者辨认出原作品的能力。另一方面，观赏者的机智与鉴赏力也是该讽刺作品成功的关键。

在这个充斥着消费主义和物质主义的社会，商标已经变成吸引消费者注意的重要营销工具。企业和生产者无不投注大笔经费来设计、广告，并保护其商标之独特性。在这样的运作过程中，知名商标自然成了讽刺作品嘲弄的目标。讽刺者各自为了不同动机而创作，也许是娱乐大众，也许是为改造社会而发声，也可能是因为有利可图。鲁兹（Rutz）曾说：

> 讽刺作品的笑点并非来自原作或原作者，而是其巧妙的移花接木之功。社会大众可能在发现讽刺的对象之后而莞尔一笑；另一方面，观众也可能觉得生气或惊讶，端视该作品的脉络而定……

所以，一个公正、审慎的观察家在看待这个案子的时候，会先仔细纵览全局，并以宪法尊崇的言论自由价值为经，以商标法提供的财产权保障为纬，然后问一个最关键的问题：讽刺作品对商标所有人造成的财产损失，是否大于我们需要保护的言论自由价值？法官在权衡轻重时需要有所依据，并且辅之以每个法官都应该有的对人情世故的理解。此外，虽然讽刺作品将在法庭上被严格审视，其所涵盖的内容（不论是视觉、言语还是两者兼具）则须在具体社会情境中，对其重要性和（可能）对观众造成的影响作评估……

“笑笑就好”的唯一员工贾斯汀 · 纳斯（Justin Nurse）表示那只是间小公司，仅凭捉襟见肘的预算来营运。其运作方式便是制作数量有限的T恤、架设网站，并在促销T恤时办些娱乐活动。

“笑笑就好”对于它对该商标的嘲讽戏弄做出如下解释。品牌无所不在，它渗透进我们所有的公私生活领域中。在当代文化空间里，品牌将自己包装成某种生活风格、自我形象定位、个性品位的代言人。品牌通常和产品本身关联性不大，所以尽管全世界的“黑标”啤酒喝起来味道都不同，但全叫“黑标”。在南非，这个品牌和啤酒的实际口味、质量也没有关系。该品牌广告将喝啤酒、特别是喝“黑标”啤酒视为男子气概、运动场上的勇猛表现甚至是性能力的象征，例子如下：

> “卡尔林黑标”被定位为全球“男性”喜爱的饮品。这清楚地将饮用“黑标”啤酒和男子气概做联结；
>
> “卡尔林黑标”是“最生猛有力”的啤酒；
>
> “卡尔林黑标”饮用者具有或即将具有“大家伙”；
>
> “卡尔林黑标”饮用者下班后更有活力。

“笑笑就好”坚信“黑标”啤酒塑造出一种男性形象，如果你想成为这样的男性，就要用辛苦赚来的钱买些“黑标”啤酒。至于广告主打的美国印象，以及所有有关美国的林林总总（例如，黑人小区年轻人被美国大城市里黑人区风行的嘻哈音乐所吸引）则全然近乎诉诸荒谬的“偶像崇拜”。“笑笑就好”在诉状中申论如下：

> 我们生活在一个商业和文化彼此交错、混为一谈的社会。这成了今日争议之肇端，企业努力让他们的品牌跻身为南非文化的标志，一旦达成此目标，他们就躲在一套游戏规则（商标法和著作权法）的保护伞之下，但这些法律都不是为了压制文化表现而制定的。不夸张地说，品牌深深地影响我们的行为与选择……品牌是强大的、无孔不入的、潜移默化的。正是品牌这种不容挑战、不受质疑的本质，令人无法接受……

因此，当爱惜羽毛的品牌遇到将其以讽刺方式印制的T恤，企业的反应就像是14世纪的修道院修士看到十字架被摔个粉碎一般。事实上，“笑笑就好”确实指出，数百年来都严厉反对任何挑战与批评的教会，以及今日大企业小心翼翼地保护他们的品牌不容亵渎，两者之间实在大同小异。

“笑笑就好”在结辩中表示，在这个媒体无所不在的环境中，它运用的语言也是熟悉媒体文化的观众。这个主张颇为有力，因为我们这个时代的语言就是品牌。要在一个媒体肆虐的环境里激发社会大众热烈的讨论，就得运用这个环境里的语言……

本案中的证据指出，不论是制造者或消费者，每个相关人士都了解这件T恤就是刻意对该品牌做文章，来引发笑点，表达对品牌支配生活的不满。引发贩卖者和购买者共鸣的是颠覆性的笑点，和啤酒毫无关系。此产品的核心就是使用（别人的）商标。此案中的讽刺作品并非被用来不当地“获得注意或逃避创造新产品所需的辛苦付出”。

因此，本案的比例原则检验并不困难。要论伤害性，其实“卡尔林黑标啤酒”的营销能力并没有受损。这是一个显示传播效果远比交易更重要的案例。交易是传播的附带产品。企业创造品牌的目的乃是在让所有人获得明确讯息，T 恤的贩卖只是为了传播的持续进行。我们不能说这是一个用言论自由来伪装商业竞争的案子。若我们说这个讯息可以用其他方式来表达，那便是混淆了讽刺作品的本质，毕竟讯息就藏在巧妙地将商标移花接木之中。原创者要质疑、挑战的是品牌整体的作用与意义，只是利用特定的品牌借题发挥，而不是针对特定的品牌。该强调的是，关键问题不是该讽刺作品是否伤害了该啤酒品牌。因为该作品真正的用意是对我们社会的现状尝试采取犀利的批判。在此思维下，天平明显地倒向“笑笑就好”一方。一位美国法官说得很好，本案中的讽刺作品其实是一种幽默，而非剥削或欺诈。所以法院不应该禁止 T 恤的贩卖。

我将从宪法的角度补充两点以使我的结论更完整。

第一点是关于寒蝉效应，即过度使用商标法将阻碍新观念的流通。由此观之，我们必须了解到一个商标权的诉讼对拥有商标的企业和以该商标搞恶作剧的人都是同等危险（例如本案的诉讼双方）。原告寻求法院禁止对其商标滥用将面临一场漫长的诉讼，他们所有的指控都可能回到他们自己身上，而对手却不会因此有何损失。此外，任何企图限制言论自由的企业都将会发现媒体支持他们的对手。事实上，诉诸法律这个沉重的武器的企业，很可能会让他们的产品努力标榜的自由、活泼、轻松愉悦形象付诸流水。因此，在本案中“卡尔林黑标”啤酒提起诉讼所承担的风险远比“笑笑就好”贩卖两百件 T 恤的风险大，前者主打的欢快形象可能因此受损。打官司的原则就是，要提防任何人随时都可能采取法律行动。

从更重要的宪法观点来看，即使是威胁提出诉讼也可能引发是否有正当性的辩论。大企业掌握较多的财富与媒体及政府资源。就像是政客和政治人物，他们的商标能见度高，也容易辨识，反映了一定的社会规范与价值。知名品牌企业对大众和政治议题有实质影响力，而这也使得企业和其品牌容易招致讽刺和批评。

然而，商标法里面的“淡化”主张，包括丑化或玷污（tarnishment）理论，当运用到非商业竞争者的讽刺艺术家身上时，就可能是以诽谤罪之名对艺术家造成威胁。如此一来，法律沦为被滥用的吓阻工具。这将造成大众的恐惧。因为每当有人想要发表意见的时候，他们就会担心商标法的钳制性，最后为了避免卷入诉讼而身败名裂，不得不进行不必要的自我审查。

从这里又延伸出我对宪法之意义的第二点考虑。宪法不能规定郁郁寡欢者必须快乐起来。然而，宪法可以防止凝重肃穆之氛围扼杀社会上欢快愉悦的情绪。事实上，若是我们的社会因为国家权力操之在一群老成持重的人手中而彻底变得严肃、古板，不只所有貌似不恭的笑声将被压抑，自我节制的精神最终将使得喝啤酒本身都可能被禁止。而且，我看不出为何拿政府开玩笑可以被视为言论自由，而拿“大企业”开玩笑却不是言论自由？

笑声不是无中生有的，必然有其情境。笑点可能是戏谑的、促狭的，有力者对弱势者施加羞辱。在另一方面，笑声可以具有安慰的效果，甚至也可以为边缘化的社会批判所用，进而凸显颠覆意义。在本案中，笑点便是该T恤挑战了经济强权，抵抗意识形态霸权，并增进了人性尊严。我们的身份不是作为品位或幽默的评审或裁判，我们也不被要求判决“笑笑就好”的讽刺作品有多成功。不论我们个人对该T恤的观感如何，我们的工作是用法律来保障像“笑笑就好”这样制造批判性幽默的当事人。不论幽默的形式是变装秀中的模仿、报纸上的讽刺漫画，或是T恤上的讽刺作品，这样的保护都是必要的。喜剧演员获得薪水，或是报纸、T 恤赢得销量，这样的结果并不意味着它要表达的意涵可被视为单纯的商品。这也不影响在谈话节目上表达不同意见和 T 恤上的改作商标都是言论自由保护的范畴。“笑笑就好”选择以讽刺作品作为针砭时弊的工具，并邀请年轻的伙伴加入这个以笑声为武器的团体。

一个太过正经的社会得承受压力紧绷的副作用，并将所有正统之外的事物都视为其威胁。幽默是民主社会能接受的伟大润滑剂。它用一种非暴力的方式呈现这个社会上的暧昧与矛盾。它促进多元性，让社会上诸多的不满以自发的、富有创意的方式抒发出来。最终，幽默可说是让宪政健全发展的灵丹妙药。

第六章

理性与判决

法律社群不能被视为一个僵化、不知变通的群体，它不是由一群食古不化的人组成。它的规范和标准需时时接受检验，并与时俱进。不论你喜不喜欢，司法人员总是在这个过程中占据关键地位，有时候跟着前进，有时为之加油门，有时为之踩刹车。

当我被单独监禁的时候，我常想，为什么做一个勇敢的人如此困难？而如今身为法官，我常感到困惑的则是，为什么理论符合逻辑如此困难？是的，我曾一度以为，判决（judgment）很容易写：只要把法律原则套用到事实上，答案就出来了，像摩西以手杖敲击岩石，活水就自动流出来一样。然而事实上，撰写每则判决都耗费我大量的心力，不断地更改论证，总以为就要大功告成，但心里又老是觉得还不够确定。不论是生活经验或是诉诸权威性的法条都无法提供明确的答案。我的秘书曾对我说，我曾想要修改我的第二十六版的草稿，她和我的法官助理甚至想过要把最新版本藏起来，以免我看到又想再改一次。

但如果法律只是把简单的逻辑运用到具体的情境，我在这么多版本的论证草稿中总该有个是正确的吧？我常好奇，彷徨踟蹰真的是司法工作不可缺少的一部分吗？在某次和多伦多大学法学院的政治哲学教授珍妮弗·纳达斯凯（Jennifer Nedelsky）聚餐时，我得到了一些答案。她曾受教于汉娜·阿伦特（Hannah Arendt），而阿伦特试图针对康德的著作进行符合 20 世纪的诠释。我们当天讨论的便是理性和判断（judgment）的差异。我记得当天她对阿伦特就康德思想的诠释，简述如下：理性具有强制性，必须服从，而判断则涉及衡量（evaluation）。纯粹的理性像这样：若 A 大于 B，且 B 大于 C，则 A 大于 C。在另一方面，判断则需权衡轻重。为了说明什么是判断，她举了一个例子。"我喜欢那幅画"并没有涉及任何判断，而是在陈述一件纯粹主观认定、没什么好争执的事实。"那是一幅漂亮的画"则在表达一个判断，是判决，因为它可以用公认的美的标准来衡量。重点是，当我们说一幅画漂亮的同时，预设了有一套评价"美"的特定标准。它由艺术社群的成员所共享，并根据这套标准来讨论美是什么。

法律上的判决与此有相似点，例如当我说一个结果是正义或不正义的同时，也就是再一次的确认，根据法律社群（legal community）所接受的种种原则、规则、标准[1]，这样的结果是正义或不正义。如果只是我个人发自内心深处坚决地相信它是正义或不正义，是不够的。判决的作成是一项公共行为，将对公众造成影响。判决不能像书评那样单靠个人喜好来作成，但也不纯然是像解数学方程式那样的逻辑推理。判决是衡量评价的产物，是以公认的标准来对各项因素做权衡轻重。身为法官，我必须让阅读判决的人相信我作成的结果是符合正义的。所以我必须援引原则、规则、标准，

---

[1] 在英美法学界的讨论脉络下，规则（rule）指没有衡量空间，必须一板一眼遵守的规范；标准（standard）系指具有弹性衡量空间的规范。规则和标准的特质，正好相反。原则（principle）则是与标准相近，通常是可以广泛地运用以解决特定道德或政治争议的一套价值规范。

诉诸法律推理方法和分析方法，而且这些都必须被我所对话的社群共同接受。每位社群成员都有主观的偏好，也会做出主观的价值衡量。但我们之间的讨论对话必须有客观的基础。这种讨论必须建立在我们之间对于支配司法过程的规则和价值所形成的共同理解。

纯粹的理性推理永远都是法律论述的一个元素，但也只是许多元素的其中之一。如果正义可以像一台“法律自动贩卖机”般自动产生，那我们只需输入特定数据，建立法律规则的适用顺序，然后这台机器就会根据内在的逻辑自动完成所有后续工作。果真如此，诉讼费用可以省下来，判决的准确性不会有问题，每宗诉讼都保证会有公平结果。如此一来，没有人会再要上诉，而我也就失业了。

然而，“判断”这个人类心智活动最重要的就是预设了没有绝对必然的结果。判断是不同元素间权衡交融，依循特定的公认判准去形成决策结果。在珍妮弗的印象中，阿伦特对康德思想的理解是，判断无法以纯粹理性强迫读者接受。相反的是，它必须以其论证的说服力来争取读者的接纳。反过来说，法律社群也就在大家共同参与到法律理解与适用的过程中，逐步形成；因此我们必须争取法律社群对于判决的接纳。在彼此携手研究法律的原理、程序与价值的过程中，法律人建立起他们的认同与自我意识。如果珍妮弗是对的，至少我相信她是对的，那说服就不只是一件说理缜密的判决附带赠送的好处。它也是判断的成分之一，也是用来证明为何司法过程的最终成品不是叫做“决定”，而是“判决”。

因此，进行审判绝对不只是分门别类而已。因为“判断”本身就默认了价值判断，这在法庭上和在花展、拳击赛或溜冰赛都是一样的。虽然放在法律天平上的构成要件是客观的，但每个构成要件的个别权重，和最后综合出来的衡量结果，会因不同法官而有所不同。所以我们必须设下一些管控机制，以避免过多的主观偏见。

其中一项关键性的管控机制就是法官要有珍妮弗·纳达斯凯所称的“包容之心”（enlarged mentality），也就是说，一种不断调适修正的态度，以让法官抛下个人成见好去采纳、吸收这个社群里其他成员的观点。这需要我们在选任法官时，应该从他们的经验与能力，去挑选那些能够展现出具备“包容之心”的人才。第二个管控机制我先前已经说过，就是在多人组成的法院里，法官各自心里有一把尺，如此一来，不同的个人偏好和偏见才能彼此制约。最后，司法判决应该公开接受批评，法律社群和社会大众应定期对判决的论理构成及内在融贯，进行分析与批判。

同时，我们必须要了解，所谓的法律社群不只包含专业法律人士而已。这点是很重要的。这是一个概念性的领域，任何人带着法律意识在面对问题时，就属于这个社群的一分子。当我在草拟判决时，我不自主地会觉得我正和整个法律社群对话。我心中会想到所有可能会读这个判决，并被这个判决影响的人。我寻求一种可以被读者认同的论述形式，或至少让人觉得我以一种言之成理、有凭有据的方式在处理该案件。这并不是说我的判决是正确的，和我持不同意见的人是错的。司法制度当中自然有一种谦卑性，它帮助我避免误以为自己总是正确的，或误以为法律问题有单一的正确答案，而我恰好知道那唯一的正解。这和个人是否谦卑无关，如果你不能勇敢地为你深信不疑的立场辩护，那你就不该当法官。我所谓的谦卑是制度性的，不是个性。身为法官，我不认为我们的功能就是提供唯一正解。事实上，我们每位法官的意见有这么大的不同，怎么可能每个都是对的呢？在我看来，法官在每个案件中的任务就是竭尽所能地做出正确的判断。尽管我们提出自己所能想到最好的判断，但我们很清楚知道这个判决要与未来无穷无尽的其他判决，有些甚至都还未诞生，一较高下，或是共同形成新的见解。

我曾经努力想象自己是罗纳德·德沃金（Ronald Dworkin）笔下的赫拉克勒斯（Hercules），一个完美的法官，有着抗拒司法诱惑的英雄气概，能明察秋毫，从不犯错，在每个法律难题中都找出唯一正解。我了解这只是德沃金在哲学上的立场，他以此挑战后现代主义者拒绝承认有正确答案的立场。另一方面，他也拒绝接受极端的法律现实主义者（super-realists）观点，即我们最好承认无论理由编得如何天花乱坠，事实上我们只是用司法力量来包装我们的个人偏见或时代主流的偏见。然而，我却宁愿接受另外一种没那么崇高伟大的见解，亦即，我的所作所为只是用我所了解的法律工具，在特定的脉络、特定的时刻，诚恳、虚心地处理好眼前的案件。我尽可能地让我的意见在法律上是清楚、真确且一致的，但我不得不说，这仅是许多意见中的一种而已。我写在判决中的意见不会因为它具有法律效果，就必然是正确的。在我心中，法官的目的并非追求案件的唯一正确解答方式。法官的目的乃是在特定时刻的特定案件之中，在追求一个最完备、最恰当的法律解释的漫长过程中，发出最诚实的声音。而我所依据的判断标准都是经过法律社群反复思考与实践而确立的。

因为法律社群对法的理解经常是随时间而演进，我多少都知道我所抱持的某些立场，可能走在这个社群多数人的前面，他们可能不认为我的想法是正确的。即便如此，我仍义无反顾，因为我的法律良知告诉我，改变的时机已经成熟，而新的宪法解释途径也应该因为我的判决合理而被接受。我的声音只是诸多论述主张的其中一种，可能与其他的声音一拍即合，也可能格格不入。若是我们只考虑纯粹的法律推理，那或许我们可以说一个问题只有一个正确答案，但因为司法审判的核心其实就是判断力的行使，我倾向认为最大的挑战不是法律见解的稳定性，未来不会被推翻，而是判决完成当下所展现无比强大的说服力。也就是说，我不认为我们可以说奥利弗·温德尔·霍姆斯（Oliver Wendell Holmes）大法官对言论自由那有名的不同意见书，在当时是正确的。我也不认为他的看法因为在后来获得多数人支持而变得正确。我们也可以用同样的角度来思考路易斯·布兰代斯（Louis Brandeis）大法官伟大的不同意见[1]。他们所代表的是他们所处时代的法哲学意见，而且是融贯的意见。孤独的不同意见最终成为位居主流的意见。这就是法律辩证的本质，少数意见最终可能变成主流意见，而这也是每位撰写不同意见书的法官的期望。

所以每当我依着我的法律良知撰拟判决时，我想到的总是会阅读到这份判决的同事们，我也安慰自己说若是在这个案子中我的论点不能说服同事，其实我是为这个新观点播下种子，以供往后的案子使用。我想象当其他法院的法官和裁决人员在奋力拟判时，或许会读到我的观点，并且能从中获得启发。我也想到律师或检察官，或许他们会攻击我的论点，以找到有利于他们当事人的主张。我自己也曾经在大学任教多年，我可以想象法律学者著书立说批判我的观点，与学生讨论，然后也许将我的意见变成教科书的一个脚注。

---

[1] 在 1919 年的艾布拉姆斯（Abrams）对美国政府一案中，美国最高法院以七比二的票数，维持下级法院对艾布拉姆斯等五人违反间谍法的判决，因为他们在纽约书写和印制传单，呼吁美国人民反对美国在欧洲战场持续进行第一次世界大战。其中持反对意见的两票分别是霍姆斯与布兰戴斯大法官，他们主张艾布拉姆斯等人的行为应该受宪法第一修正案坚持之言论自由原则的保护。霍姆斯说："法律不能处罚言论表达，除非言论的后果必将引起明显而立即的危险（clear and present danger）。"霍姆斯的反对意见在当时虽然是少数意见，却成为后世所推崇的标准。

我特别重视的是学生，他们仍然充满求知欲，且从他们身上可以看到理想主义的踪影。最后，我会想到一般社会大众，扪心自问，法律能为一般人做些什么呢？法律应该用怎样的语言让自己更亲民、更具说服力？

另外还有一群特殊的潜在读者：政府官员，他们可能和这些案件有关，或者须对相关问题负起特殊的责任。我记得一位加拿大最高法院大法官曾告诉我，在美国，许多法律推理的出发点都是把政府当做是敌人，所以他们会主张所有权利中最根本、最基础的就是不被政府干涉的权利。但在加拿大，他接着说，法院视政府为友人而非敌人，因此法院会与政府携手合作，一同确保人民的权利与福祉。我想，南非宪法和加拿大宪法相同，都将立法权、行政权和司法权同属宪法所规划要实现的计划，其目的在改善人民生活，并保障人性尊严、平等、自由等价值。权力分立的意义是国家的不同部门各有其特殊责任，也受到不同的公众问责方式约束。但基本假设是，三权间会以合乎礼仪的方式展开对话，而非粗鲁的互动。也许有时候，司法权会因为违宪的政府行为而必须针锋相对地表示意见。但尽管法院必须如临深渊、如履薄冰般监督权力的滥用，法院也不该忽视行政权必须面对在种种选择之间做出最佳决定的困难。在一个迫切需要转型，而可以用来转型的资源却相对有限的国家，更是如此。

在公共生活中，礼仪（civility）的意义不仅限于态度温良而已，它还是多元民主的重要元素。因此，礼仪在国家的三权之间是非常必要的。事实上，宪法的架构本来就要求司法和行政两权保持对话关系。宪法法院有司法审查（judicial review）的强大力量，甚至可宣布国会通过的法案因违宪而无效。这也就是说，我们经常处理立法有效性与否的问题。就此而言，宪法法院被赋予的力量是极大的。当宣布法案因为违宪而无效时，我们可以附带做出一些要求，只要它是公正、公平的，包括要求国会在一段期间内尽速修法。因此，和立法权的对话、互动本来就属司法权的权力行使范围。当国会议员草拟新法时，我想象他们将会读到萨克斯大法官对某个问题的观点，或至少他们的法案助理会瞄过我的某个判决的段落或是摘要。这让我感到片刻的虚荣。

接下来当然就是媒体。媒体选择法官的某些判决做报道，并与大众对话。为了帮助媒体理解通常是又长又复杂的判决，宪法法院会提供整理出主要问题和结论的摘要。我们这么做的目标是，大众应该对他们的基本权利和政府运作方式有所了解，而我们的判决可以作为这些知识的主要来源。判决的意义其实远远超过解决两造当事人的纷争。宪法法院的决定有助于建立社会的基本价值观，并且树立我们的民主宪政的特色。每个细节都是重要的。我们所撰拟的每个判决都必须重视其各个部分对公众发挥的影响力，正如路德维希·密斯·凡德罗[1]评论他的建筑作品时说的，上帝藏在细节里。毕竟无论我们多么努力地追求精确，都仍有可能遗漏。

此外，无论我的判决的实际读者有多么少，潜在读者量总是巨大的。正因为意识到大量的读者在未来有可能以各种不同的角度来检视我的判决，我撰写判决时总警告自己不能怠慢。撰写判决时的目标不是要取悦或激怒某些人，而是要尽可能地要求自己做到严谨、公正、忠于宪法职责，且以这种态度与社会最大多数人对

[1] 路德维希·密斯·凡德罗（Ludwig Mies van der Rohe），德国建筑师，亦是最著名的现代主义建筑大师之一，以“上帝藏在细节里”、“少即是多”等主张而闻名。

话。我的经验告诉我，越是和基本权利有关的判决，越是能打动一般社会大众的语言与概念，同时也越能吸引到专业法律社群中的精英人士。

所谓的法律社群，自然不是个界线清楚且固定的群体。当这个群体太过封闭且总是只与内部对话时，就会很难找出他们的共同性。在某个阶段被该社群的领导阶层当做是中立且无可置疑的标准，很可能在其他人眼中其实只是某种偏见，而且反而因为这个偏见被隐藏、被伪装成真理而更加有害。譬如说，法律界习以为常的“理性人”（reasonable man）的概念，长久以来就被女性主义法学家批判，他们认为该概念恰恰反映出一种来自潜意识的偏见，因为所谓的“理性人”其实只是“理性的男人”。它把男人的观点当做是唯一、自然的标准。他们认为，如果只是玩文字游戏，只把“理性的男人”修改成“理性的人”（reasonable person）是不够的。举例来说，法院在思考长期受暴力侵害的妇女要靠什么才能走出恐惧的阴霾时，应该仔细体察这类妇女的真实处境；不应该把怀孕当做一种生病状态；在判断带有性暗示的玩笑是否构成性骚扰时，也该设身处地为低阶女员工着想。

相似的，期望法律能帮助环保运动的人必须对抗法律社群长久以来的成见，他们某些根深蒂固的观念很难在一夕之间转变。因此，我们需要全新的法律视野。从最初的灵感到孕育出社会上约定俗成的规范（或称软法），再从软法到具有强制力的规范，这过程往往跨越数十载。许多观念都是崭新的，譬如世代正义的信赖责任；跨越国界的法律保护；以预防原则取代习惯法传统的过失原则，以及非直接受害的第三人也可以行使的损害赔偿请求权。法律社群不能被视为一个僵化、不知变通的群体，它不是由一群食古不化的人组成。

它的规范和标准需时时接受检验，并与时俱进。不论你喜不喜欢，司法人员总是在这个过程中占据关键地位，有时候跟着前进，有时为之加油门、有时为之踩刹车。

而关于谁来制定这些标准的问题，在像南非这样的文化多元、信仰分歧的国家，尤其重要。过去，法律社群无论就规范面或实践面而言，不仅由白人占大多数，而且其中大多数又是基督徒，经常会积极地或不自觉地将基督教的标准加诸全民之上。因此，即使所有的种族歧视法规都废除了，我们仍然感到基督教戒律在国家法规中有特殊地位。我们的宪法非常尊重宗教信仰。约有百分之七十的南非人自认是基督徒。图图大主教等教会领袖在社会上有崇高的声望。我们的宪法预设宗教团体与国家应该采取合作而非严格分离的态度。然而宪法坚决保护无神论者，也避免偏袒某一特定宗教。

在这样的前提之下，当我在撰写关于禁止在礼拜日、耶稣受难日（Good Friday）[1]、圣诞节贩卖酒精饮料的禁令是否合宪的判词时，我发现我必须思考，究竟应该采取谁的立场来衡量这个问题。是一个理性的基督徒的观点呢？还是一个理性的非基督徒的观点？还是不信教的人的观点？应该采取哪一种审查标准？一个粗枝大叶、心宽体胖的人的态度吗？还是一个极度纤细、脆弱的心灵呢？我最终决定，一个理性的人可以有任何信仰，也可以没有信仰，他或她不应该太粗枝大叶，但也不会过于脆弱，一个理性的人应该对我们的宪法价值非常敏锐，这包括人人平等、民主开放，且国家不能特别偏袒某一种意识形态。在后面的罗伦斯案中我们可以见证这

[1] 即耶稣基督被钉上十字架的那天。因为是在星期五，所以称 Good Friday。三天后即复活节。

样的思考模式。但我必须澄清，这可不是我在洗澡时想到的，这是清醒时深思熟虑的结果（所以它也没有大受欢迎）。

另一个案件是关于某位依据穆斯林法嫁给某男子的穆斯林寡妇，可否从亡夫遗产中请求生活扶养费的问题。在我们有这部宪法之前，南非法院不承认穆斯林的婚姻制度与印度教教徒的婚姻制度，因为在基督教的眼中，他们的结合不是一个男人与一个女人的结合，而可能是一夫多妻。当我在撰写宪法法院的多数意见时，我提到某些信仰单独垄断“配偶”（spouse）一词的使用，违反了我国新宪法规定的平等原则。

法律社群的本质就是一方面在思想上保守，一方面却又求新求变。因此法官必须面对的难题便是他或她要选择作为既定法律原则的拥护者或改革者。然而，一个原则一贯的判决也不可能仅仅是因为法官个人的偏好而大胆创新或是谨守陈规。每个维持现状或支持改变的判决，都必须充分思考（reasoned）和做出完整的论证（justified），提出法律社群就算不能被说服也会感到言之有物的论点。特别是对法律界长久以来接受的原则和标准提出剧烈修正的判决，在重新定义看待问题的方法时，必须和新宪法所带来的冲击进行强而有力的联结。事实上，身为南非宪法法院法官最独特且沉重之处即在于，这是一个新的法院、有一部新的宪法，因此每个判决都是在重新定义法律推理的规范与标准。尤其难的是，宪法法院法官在一方面引进新观念以撼动法律社群的同时，一方面也必须借由原则一贯的证立方式，再次强化法律社群的前进改革。在此前提下，我相信每当我们需要改变法律社群认为是理所当然、不证自明的法律公式时，我们都是以最开放和最透明的态度在进行这种改变。

[判例一]

玛斯拉案——礼仪是宪政民主的黏着剂

礼仪（civility）是宪政的必要条件。在总统突然迅速撤换国家情报局首长的案件中，我写了一篇关于礼仪是宪政必要条件的协同意见书。

萨克斯大法官：

为了公平起见，在撤换一个高阶职位官员时，为了顾全其名声，应该予以合宜的礼节。人类不能仅靠食禄而活，尤其是对职业公务员来说，良好的名声可能是食禄的基础。但我们需要留意的远不止于官员的实质利益与身份。一般大众的利益当然也要顾及。宪政机关若要良好运作，就必须时时获得滋养。欲达此目的，掌握政治权力者必须避免伤及社会大众对政府官员操守的信心。

公平对待和礼仪是不可分的。从宪政的角度来看，礼仪不只是有礼貌或行为端正而已，礼仪是宪政民主的黏着剂之一。礼仪要求我们对意见不合者心怀宽容，对有所争执者保持敬意。礼仪与和解共生（ubuntu-botho）密不可分，它深植于我们传统文化之中，也是普遍认为现今民主社会良好运作的必要条件。事实上，正是前人在过去恶劣的政治环境中坚持作文明有礼的对话，为我们奠定了和平宪政革命的基础。如此诞生的宪法自然也要求掌握政治权力者不可独行独断，不可以不恭敬的态度造成负面的影响。

[判例二]

罗伦斯案——禁酒的理由

禁止在礼拜日、圣诞节和耶稣受难日贩卖酒精饮料的法令是否违反宗教自由？在讨论这个案件时，四位宪法法院大法官认为该禁令并未侵害宗教自由。三位大法官则认为它侵害了宗教自由，因为此举形同只尊重基督教的节日。一个偶然的画面坚定了我在这件事上的立场：当时我看到我的助理法蒂玛（Fatima）脸上受伤的表情。当我问她为何眉头深锁时，她指出当原本看来微不足道的细节若是被用来当做一种排他的机制时，就能产生巨大的伤害。所以我撰写不同意见并获得另一位大法官的支持。我们认为，只要政府支持某一特定宗教，不论是多么微不足道的支持，便是实质上侵害了宗教自由。然而在本案中，我认为既然这样的禁令其实可以找到非宗教性的正当理由，它将有助于降低双休日的酒精滥用问题。

萨克斯大法官：

对于一个抱持某种意识形态或信仰的人而言是生活中稀松平常的小事，对抱持不同信仰的人来说，却可能意味着压迫和排挤。大多数人或主流族群不放在心上的事物，在受其影响的其他人眼中可能会被放大，而且无比的真实、刺痛，且令人窒息。特别是当表面上看来无害的事物，却被那些受影响的族群视为一种象征，代表了更广、更深的排挤与剥夺时，这种感觉就更强烈。

在检视本案中，国家是否特别支持某些信仰而违反宗教自由的原则时，我首先应该做的不是去顾及什么是“理性的基督徒”的感受与观点，也不是去探讨什么是理性的犹太教徒、穆斯林、印度教徒、无神论者的感受与观点，我要做的是去探讨什么是理性的南非人（且不论其有无信仰或信什么宗教）的感受与观点，这样的人对宗教信仰既不冷漠也不狂热，而且充分体会到宪法的价值规范。在我看来，理性的国民是一个有常识的人，他或她熟稔我国的民情文化，也对宪法的大原则与细节知之甚详。理性公民一方面不会因为歇斯底里地担心迷信与神权统治，而想要无情地铲除这个社会上任何与宗教有关的事物，另一方面也不会因为有很多人与自己有一样的信仰，就认为所有人都应该像过去一样不分派别地笃信单一宗教。

这样的理性公民，在我看来，不会特别排斥将对基督徒来说具有特别意义的礼拜日、耶稣受难日与圣诞节当做世俗性的国定假日。它们虽然已经成为南非民众休息、旅游、节庆（以圣诞节来说）的一部分，但不代表国家对基督教的偏私。与此同时，他们应该也不会怀疑在这几天禁止卖酒精饮料，而不是在别的没有特殊意义的日子里挑选一天，就意味着国家恢复了前宪法时代的宗派偏见。

（后记：该判决主张，虽然贩卖酒精饮料的禁令限制了非基督徒的宗教自由，然而该限制非常的轻微且间接，相对而言，在周末、连续假日禁酒所能创造的公共利益则非常巨大。所以，依照比例原则的分析，这样的禁令是开放、民主的社会所允许的。最终，基于各种不同原因，禁令获得参与本案的九位大法官中的五位支持而得以维持。判决之后几周的某个礼拜日，我不假思索地去附近的超市想买啤酒，才发现因为宪法法院的判决，商家那天不能卖酒！）

[判例三]

丹尼尔案——被宗教垄断的婚姻

在《遗属扶养法》(Surviving Spouses Maintenance Act) 的规定之下，一位穆斯林寡妇能否被视为“配偶”并主张继承遗产？我的意见是肯定的。我的意见推翻了历经殖民时期和种族隔离时期长久以来南非法院的判决，之前的判决认为经由穆斯林仪式结婚的女性，其地位被视为接近“妾”而非合法婚姻下的配偶。少数意见同意穆斯林妻子被歧视，但认为补救措施并非像我这样重新诠释“配偶”这个词，而是主张这个法规违宪，并应在适用对象上加上“经由穆斯林或印度教仪式结婚”等字，以此方式来补救法条缺漏。

萨克斯大法官：

“配偶”这个词的原始意思包含了举行穆斯林婚礼的各方。语言学并没有限制我们不准做这样的解读。相反的，如此的解读才是这个词一般被理解和使用的原意。从语言学的观点来看，纳入而非排除穆斯林婚礼中的各方才是正确的。过去法院如果按照一般的方式解读“配偶”这个词，就不会将他们排除在外。相反的，由于一种文化与种族霸权垄断了该词的使用，过去的法院采取了狭隘的解释。这样的解释并没有忠于英文本身，而是偏见的产物。不管是在主观意图上或实际影响上，狭隘的解释都有歧视的意味，它明显地独崇基督教的婚姻概念，而与穆斯林的婚姻观念相抵触。

歧视性的解释深深伤害了被旧观念与旧判决影响的人。在新宪法之下它不能继续存在。

如派厄斯 · 兰加（Pius Langa）副院长所言：

> 我们的宪法处于一段转型的历史之中，从一个充满分裂、不义、没有民主程序的社会，迈向一个尊重所有公民的尊严、政府体制程序完备的社会。因此，在解读宪法时，我们必须明了我们所处的环境，以及宪法追求的目标：一个以民主价值、社会正义与基本人权为基础的社会。转型与革新本是我们宪法的特色之一……宪政的运作需要法官在解读法律时尽可能地设法阐扬宪法中的基本价值。以此观之，当讨论法律的合宪性时，法官有责任检验该法规的目的和主旨，并以符合宪法规范的方式来解读这些法规。

在本案中，关于平等、包容、尊重多元的宪法价值均强烈倾向给予“配偶”这个词更广泛的解释，如此一来，我们也才是回到了这个词的原始意义。

第七章

哭泣的法官：司法权与社会经济权利的保障

> 当我们离座返回审判席后方的通道时，我听到一阵欢呼声，而就在那一刻，我的眼眶湿了。我流泪不只是因为想到艾滋病对南非的伤害，更大的原因是我以身为大法官为荣，因为我能够在这个位置上，为所有人捍卫基本人权、保障人性尊严。

古特邦案

古特邦太太觉得她真是受够了。她和两个小孩、她的姐姐、姐姐的三个小孩住在离开普敦市不远的简陋木屋里。冬雨季节又快到了，而她无法继续待在一个冬天会积水的地方了。事实上，大约有五千人和她们一同住在这个没有干净饮水、没有下水道设施、没人清理废弃物、同时也几乎没有电力供应的环境里。许多住户曾向市政府申请搬到有补助的平价国民住宅，但在候补名单上最长等上七年，甚至更久。眼看着还要在这恶劣的环境中住上好一阵子，古特邦太太和其他将近一千名大人、小孩搬到附近空旷的山脚下，这块地事实上便是规划作为盖平价国民住宅之用。她们和地主以及当地政府的协商一直很不顺利。最后，一纸法院命令判决她们非法侵占土地，必须撤离。于是这一千人被当地政府突然不人道地强制驱逐。她们搭建的临时居所被压土机碾平后烧毁，房屋中的物品也被付之一炬。许多人甚至没机会去抢救原本就少得可怜的财产。

一无所有的她们搬到当地风沙颇大的运动场。寒冷的冬雨季快到了，而她们只有一些塑料布能够御寒避雨。于是她们找到一位律师，递状向当地政府说明她们恶劣的居住环境，并要求当地政府履行其宪法义务：提供临时住宿。因为不满当地政府的回复，她们又向高等法院申请紧急处分。因此，古特邦太太的名字便成了当今国际法学界前沿研究的最广为人知的案例名称。

我想象着，古特邦太太（以及数十亿和她一样的人们）躺在地上、望着星空中的乌云自问："为什么我们的命运这么悲惨？为什么我们小孩不能在属于自己的房子中成长？"这样的问题可以转换为更正式的法律争议："社会经济权利可以被视为须由法院直接执行（enforceable）的基本权利吗？如果可以的话，又该如何执行呢？"几乎所有现代国家都通过了与居住、健康、教育、社会福利等相关的法律，并交由法院执行。症结点在于，宪法是否直接保障民众的居住权可以作为一种基本权利，而且对与居住相关的法律和政策具有指导及拘束效力呢？我回想起在我们为民权抗争的年代，我们承诺，种族隔离政策的终止不只会赋予穷人投票权，也将会赋予他们教育、健康、居住的权利。

南非宪法事实上也阐明，每个人都有权享有合宜的住宅，且政府必须在可用的资源下，采取合理的立法等措施，以促进这样的愿景逐步实现。但这些宪法条文对古特邦太太有意义吗？

高等法院判决当地政府在申请平价国民住宅的结果出来之前，必须提供原告临时居所，如此，法院便不必在雨季将至的压力下处理这个困难且重要的问题。在听证会上，政府表示了解原告是生活在怎样的环境之下，但反驳说这是过去的社会不正义（种族隔离）

所带来的后遗症，并非现在的新政府无法达到基本的宪法义务。相反的，政府主张其已经借由投入大量的住宅兴建计划来达到宪法要求，数以百万的穷人将可从没有合约保障、会漏水的临时简陋木屋搬到防风防雨的住宅，而且还享有所有权。七十五万个家庭已经迁入完全补助的、有水有电的住宅。可以预期的是，随着住房计划的开展，未来更将有几百万人受惠于此政策。

高等法院同意政府的说法，认为政府实际上已经积极达到其提供合宜住所的宪法义务。然而，高院判决也指出，政府没有满足另一个特殊义务，也就是说，开普敦市政府没有达到宪法中明文规定的幼童权利。高院指出，幼童有享有地方栖身的受庇护权利（child's right to shelter）不会仅仅因为政府提及未来将在有限资源的范围内实现的住房计划而告满足。宪法条文中所称的幼童受庇护的权利可能没有强到和适足居住权一样，但政府至少有义务提供基本的保障。此外，既然幼童和父母无法分开，法院便下令相关人等至少都应该获得基本保障。

政府将此案上诉到宪法法院。我先前可能提过，在召开辩论会时，我们得到“人权委员会”(Human Right Commission) 和“西开普敦大学社区法律中心”(Community Law Center of the University of the Western Cape) 的大力帮忙。而“法律资源中心”(Legal Resources Center) 的律师代表这些住户出庭，并成功地扩大攻防焦点，请求宪法法院考虑是否所有南非人都应该享有受庇护权利（right to shelter），不论有无小孩。这个案件充分显示出富有创意的律师和充满能量的公民团体在协助穷人保障他们的基本权利上能发挥多大的作用。

适足居住权究竟在宪法中是如何落实为具体规定的呢？同样的

问题在规范健康医疗、食物、饮水和社会安全等权利的人权法案条款中也存在。这些规范是如何被写入宪法中，成为国家必须尽可能逐步实现的人民基本权利？宪法法院必须面对人权法案中大量存在的关于社会经济权利保障的规范。我们了解到，在决定何谓合宜的居住权时，我们要解决的不只是古特邦太太这个案子，我们同时也要解释宪法中关于社会经济权利（socio-economic rights）的意义。更重要的是，按照我们宪法的规定，国家在面对人民的居住、健康医疗、食物、饮水和社会安全等权利主张时，究竟要承担什么样的责任。

可以实现的社会经济权利之起源

我个人直接面对此问题始于 1980 年代中期，当时我是个流亡在莫桑比克的法学教授。有群纳塔尔–德班大学（Natal-Durban University）的黑人法学院学生成立一个叫“反人权法案委员会”（Anti-Bill of Rights Committee）的社团。我吓到了：搞什么啊？不是反种族隔离，他们竟然要反宪法中保障人民权利的人权法案！我震惊的是，被压迫一方的理想主义者、种族平等与民主的奋斗者，竟然反对人权法案的理念。然而与此同时，我也了解并同情他们的动机。有些人将人权法案称为“白人人权法案”，他们认为所谓的保障人民权利，其实就是得势的少数白人用来防止社会、经济转型的工具。他们担心，该法案将保障种族隔离政策所造成的不公不义的社会经济状况，持续捍卫白人拥有百分之八十七的土地和百分之九十五的制造业资本，保障白人的财产权，甚至对民主国家创造的追求财富的平等基础施加严苛限制。最终，穷人虽然在形式上得到了解放，却依然是穷人；富人在表面上看来不再占优势，但却变得更富有了。

然而，为了确保更大多数人的利益，有许多高瞻远瞩的白人法官和学者认为人权法案是必要的。他们的理由是，在每个人都有投票权、歧视被视为非法的情况下，人权法案将能确保白人族群在这个国家拥有受保障的未来。然而，法律发展的辩证关系即在于此，当这些观念旨在缓和白人族群的焦虑的同时，不可避免的也引发黑人的不安。

我决定不要让这个制造社会隔阂的辩证关系变得极端化。我清清楚楚地记得那一刻。那时我在莫桑比克，才刚刚脱离险境，南非的国安警察在我车上放置的炸弹几乎置我于死地。我立刻写了份报告给非洲人国民大会的宪法委员会，说明成立"反'反人权法案委员会'"的急迫性。我在报告中指出，每个革命在成功之前都是看似不可能的，但是成功后又成为势不可当的。在这样的局势中，我们必须要预先设想将来南非所需要的人权法案。前述法学院学生对此的想法是非常狭隘的，他们认为像这样的文件只是为了限缩政府的权力以阻止改革。然而，从另一方面来看，人权法案也可以作为促进被压迫者权利的工具。在此，我想进一步介绍权利的三个世代演进过程。

第一代权利主要包括古典的公民和政治权利，发源自法国大革命和美国独立革命。这些是作为自由人的公民基本权利，因此任何大革命之后的文献都应该已经清楚地介绍过了。

第二代人权则处理关于居住、健康医疗、教育、福利等权利的资格（entitlement）。这阶段始于1848年革命后的法国，以及19世纪末叶的俾斯麦时期。在俄国大革命时期可说达到高峰，并成为20

世纪所谓“福利国家”（welfare state）的政策主轴。因此他们的发展历经了大革命、高压威权体制和社会民主国家。二次世界大战时期，美国罗斯福总统将“免于匮乏的自由”列入他的“四大自由”之中。在二次世界大战之后，这些权利获得了世界各国的普遍支持，并和公民及政治权利一起被列入了《世界人权宣言》（Universal Declaration of Human Rights）。接着，透过《经济社会文化权利国际公约》（International Covenant on Economic Social and Cultural Right），这些权利得以最终确立下来。虽然这些权利和《公民与政治权利国际公约》（International Covenant on Civil and Political Rights）是分别通过的，但两者的法律地位并无差别。

第三代人权的观念以及将不同内涵的人权以“世代”的方式来分类，都是由 1970 年代末期一位在联合国服务的捷克律师所提出。他最主要的主张在于人人都应该有权利享有一个干净、健康的环境，这个权利尚不能归类于当时所讨论的任何一种权利，是一种新的整合性权利。所以他提出所谓的第三代人权这样的理念，而这种权利是属于整个社群和未来世代的，并非个体的权利。其他相似的权利有时候被称为集体连带权（solidarity right），包括要求发展和享有和平的权利。我的朋友卡达 · 阿斯摩将这三个世代的权利称为：“蓝色权利”（公民与政治权利），“红色权利”（社会经济权利），以及“绿色权利”（集体连带权利）。

交代完人权的世代演进，让我们回到社会经济权利的相关讨论。当南非的政治犯被释放，像我这样流亡海外的人开始重返故乡，而新宪政秩序的协商被严肃地讨论时，上述的辩论就进入新的一页：是否可以透过公权力来强制实现这些权利。当时有三种泾渭分明的立场。有些人认为这些权利应仅被视为启发性的，而不是将其具体规定于宪法中。第二种论点的支持者主张将这些权利规范于宪法中，但只是原则性的规范而不要求法院可以在判决中要求政府执行。还有最后一群人主张宪法用语需要更明确地指出，这些宪法上保障的社会经济权利可以由法院进行审理，并且要求政府实现。

我们在各国宪法中唯一能找到的例子，刚好处于上述几种论点的中间，也就是将社会经济权利入宪，但仅仅是国家政策的指导方针，不能够作为请求法院审理的依据。当爱尔兰脱离英国独立时，其宪法将社会经济权利规范于宪法中，但也清楚指出这些规范是不能由法院来要求执行的。相似的还有印度，印度在二次大战后独立时，其制宪会议对社会经济权利的处理方式是明确规范于宪法中，但只作为国家政策的指导方针，而不能由法院要求落实。（我曾表示，印度最高法院以一种灵活的方式来阐释这些权利，利用这些条款来丰富公民与政治权利的脉络与内涵，进而成为法院可以要求具体实现的权利。）在南非的辩论中，有一派即强烈主张在宪法中设专章规范可受法院要求执行的权利，然后另辟一章列出仅仅作为国家政策指导方针的权利，这些权利只是国家政策的指导，但不能由法院直接要求执行。

也大概是这个时期、我想是 1990 年代早期吧，我很荣幸地收到法国宪法委员会（French Conseil Constitutionel）主席罗贝尔 · 巴丹戴尔（Robert Badinter）邀请，有机会到巴黎访问一周。罗纳德 · 德沃金正好也在巴黎，他曾经和我合作，在种族隔离时期让南非法官和非洲人国民大会流亡律师举行对话。我希望能够了解他对于非洲人国民大会宪法委员会所撰拟的人权法案草案的看法，特别是其中关于社会经济权利可受执行的部分。我们在电话中有一段有趣的对谈。“你住哪？”他问。“皇宫，”我回答，“不是‘皇宫旅馆'，是真的皇宫！"当时宪法委员会在皇宫办公，而我也的确被安排住在皇宫内的厢房。这让我有吸引他来开会的诱饵：罗纳德会不会想瞧瞧《人权宣言》的原件呢？在会议之后，当我们步下皇宫阶梯时，他提出对我们的人权法案草案的疑虑。他问，把社会和经济权利这些基本人权如此广泛、详尽地规范在宪法中适当吗？在他看来，对人民提供平等的保护是最强而有力且最一致的工具，过去因为种族歧视而蒙受极大剥夺与不平等的弱势，能从平等权得到良好的保障。

我花了很多时间思考他的观点。然而我的结论是，光是有平等保护是不够的，即使加上积极平权措施（Affirmative Action）都不够。问题的症结点不只是单纯的防止长期或新的歧视，而且更要确保每个人有权享有生而为人最起码的一点生活水平。平等权加上积极平权措施的确能有效地培养出渐渐成熟的黑人中产阶级，但对于极度贫困的穷人们却没什么帮助。结果是，平等权的条文在我们的新版人权法案中取得一个核心的位置。然而，平权条文顶多只是禁止负面的歧视行为和协助改善弱势者生存环境的行动。它本身并没有要求国家采取积极行为，好让人们能够至少生活在符合最低限度人性尊严的社会。在一个多数人生活在极度贫困环境的国家，积极平权措施是不够的，我们需要的是范围更广的社会改良。所以问题依然如故：是否应将国家需推动社会经济发展一事，列为宪法上的义务？

在接下来的第八章我会讨论，当未经选举的法官被赋予权力去决定社会经济议题，而这些议题通常都是由民选的行政部门来负责时，会衍生哪些问题。我的结论是，当主要考虑是保护边缘化和弱势族群的时候，法官非民选反而可能是个优势。然而，在我看来，由司法权来落实社会和经济权利的最大问题并不是制度上的合法性，真正的困难是法官能力上的力不从心。反对由法官来执行社会和经济权利的主要意见认为，法官可能画虎不成反类犬。毕竟法官传统上出身的社会阶级，以及固有的强调抽象形式的法律思维，往往都忽略真实生活中的人生百态，甚至倾向于维持现状。我们已经有国会来处理居住、土地和其他的实际社会问题了，国会能够举行听证会，并从各领域的专家那里得到专业建议。此外，政治过程的意义便在于利益的妥协与平衡。在一个开放的民主社会，基于互惠互利原则的政治妥协，而非赢者全拿，更应获得肯定。相对的，在制度设计上，法官完全不适合对居住、健康医疗、学校和电力做出判决，法官没有相关专门技术知识和能力来处理这些问题。不过，法官明了何谓人性尊严、何谓压迫，什么样的事物会造成一个人的生活沦落到低于民主社会所能容许的最低限度。效率可说是政府的主要原则之一，为最多数人创造最大利益的效用主义可以是讨论公共资源如何分配的起点。但除了量之外，质的成分也很重要，我们不能忘记要尊重每一个人的人性尊严。司法机构在制度设计上本来就是以关照人性尊严为重，因此当可在此面向上发挥作用。而法院所追求的原则一贯的利益平衡，与政治折冲中磨合出来的妥协，亦极为不同。

另外我也怀疑，在技术性问题之争论的背后有更深层的忧虑，即法院的介入将会伤害其他根本的公民权利与政治权利。更直白地说，有人担心为了面包，丢了自由，在追求保障基本温饱的权利时，可能牺牲了对自由权的保障。过去的历史经验不得不让人有这样的担忧。许多国家会辩解说，他们为了努力追求国家发展、促进大多数贫穷人民的生活环境，不得不打压言论自由，牺牲了多党民主体制和开放社会。然而，人们会希望有自由权没生存权？或是有生存权没自由权？这是非黑即白的强迫二选一吗？在南非，争取投票权、迁徙权、言论自由等权利的奋斗从来都是和争取居住、健康医疗、教育等权利的奋斗绑在一起的。官僚独裁深植在种族隔离制度里面，人不被当成人看待，大多数的人口也只能得到低劣的住所和次级的教育。因此，要恢复所有南非人的尊严就必须把对人权的尊重、对自由权的尊重和创造有尊严生活的物质条件等量齐观。

我们的经验事实上证明了，自由权和生存权之间的关系并不是零和游戏，两者是密切相关且互赖的。就如同阿玛蒂亚·森[1]所说，在一个开放的民主社会里，不会发生饥荒，因为食物的短缺将由具有公共责任的机关予以调节。相对的，在独裁社会，即使和开放的民主社会有相同数量的食物，也会产生饥荒和饥饿，因为食物都秘密地被有钱人囤积或窃占了。更加羞辱人的是，他们说穷人对选举权没有兴趣，或是不在乎言论的自由，或是不在乎被歧视，穷人只想吃饱！在一般状况下，为自由牺牲最大的就是最穷的和最一无所有的人。他们奋斗争取的就是选举权和有尊严的生活。有些人认为，在全力为生活而奋斗时，选举权与批评政府的言论自由权等都可能没有实际意义。其实，选举权可以是争取更好生活的工具，相对的，在一个教育普及的社会，人民可以读书、可以学习，自然也可以在充分知情的状况下做出政治决定，并实现有意义的个人选择。如果这样的奋斗结果只是保证人民在饿死前用最后一口气享有言论自由来诅咒政府，那将是极大的讽刺。

不同世代的人权之间彼此具有相互关联，这个关联性解决了自由意志主义（Libertarianism）和社群主义（Communitarianism）

[1] 阿玛蒂亚·森（Amartya Sen），哈佛大学哲学与经济学教授，印度经济学家，以其福利经济学和社会选择理论的研究贡献，并且长期关心社会穷人问题，于1998年获得诺贝尔经济学奖。

的冲突，这两种观点的冲突和社会经济权利如何落实有着密切的关系。自由意志主义着重在个人，并强调个体自主和选择。社群主义则主张我们都生活在同一个社群，且我们对于自己生活如何选择与如何执行都和我们社会的制度息息相关。若是我们在古特邦太太的案子上采取极端自由意志主义的论调，将确保她“有权”被丢弃不管，当暴雨降到她简陋的居所时，她会有无限制的言论自由可以抨击政府。然而她需要的不是这种“不被干扰”的自由，她需要的是国家能确保她和她的孩子有个屋顶可以遮风避雨。另一方面，若是我们采用激进的社群主义路线，她和其他成千上万人侵私有土地的人都将有正当权利对抗地主的财产权。然而，撇开地主的权利不说，其他人对这块土地也可以行使“住房权”，在这块土地上兴建住屋，他们的权利也会因此受损。

在我看来，我们的宪法采取的既不是纯然自由意志主义的主张，也不是单纯的社群主义主张。我们需要的是尊严至上主义（dignitarian）。对人性尊严的推崇可以同时结合我们追求自主的权利，并承认我们都同属一个社群的事实。最起码的人性尊严获得尊重，是所有人类的基本权利，而这也联结了自由权和生存权。

索布拉曼尼案

在我们回到宪法法院如何处理古特邦夫人案之前，我必须先提之前宪法法院处理过的关于社会经济权利的另一个案例。这是个关乎当事人生死的棘手案子，牵涉到获取医疗资源的权利（right of access to healthcare），特别是关于急救资源的使用。

索布拉曼尼（Soobramoney）先生深受慢性肾脏衰竭以及与心脏

和糖尿病相关的其他疾病之苦，他要求宪法法院判决公立医院用洗肾设备尽可能延长他的生命。他之前曾经因为状况紧急而在公立医院接受过一个洗肾疗程，但在疗程结束后被告知无法继续下一疗程，因为医疗资源仅足够供给百分之三十的慢性肾脏衰竭患者使用，所以必须优先用于将来有可能接受肾脏移植手术的患者。因为他的身体状况被判定为不易接受器官移植，所以他在器官受赠名单上的顺位很靠后。索布拉曼尼先生曾经自费在私立医院继续洗肾以延续生命，但在家人用尽积蓄后，他希望能回到公立医院，继续免费洗肾。遭到公立医院拒绝之后，他一状告上法院，他认为基于宪法，他有权使用医疗服务，有权接受紧急医疗，但医院没有善尽义务。

这是个令人痛心的案子。简而言之，这个案子就是要宪法法院上的十一位大法官来决定这个人的生死。我们没有前例可以参考——我们只有宪法条文、资源有限的医院，以及一位濒死之人的诉状。

我们首先决定的是关于使用紧急医疗照护的部分驳回。在我们看来，要求使用紧急医疗资源的人可能是突然昏倒，也可能是遭到突然的重伤。即使慢性患者病情严重到生死存亡的关头，仍不适用紧急医疗求助。如果所有的慢性患者都被视为紧急案例，当我们把所有的医疗资源都投注在这边，那国家将没有足够的经费来处理其他急迫事项，例如亲子关怀、健康教育、预防注射、防治肺结核、癌症、疟疾，以及艾滋病防治等等。

至于获取医疗资源的权利，宪法法院的判决认为公立医院提供给索布拉曼尼先生的医疗资源并非不合理。医院提供的证据显示，其医疗计划非常合理，而且并未歧视索布拉曼尼先生，所以他的这项指控也是站不住脚的。

在言词辩论过程中，我对律师表示，我尊重他的当事人在本案中的人性尊严，若是资源与同理心一样丰沛，这个案子会容易处理得多。在协同意见书中，我指出所有涉及社会经济权利的案件，最核心的问题就在于资源永远是有限的。在这样的脉络下，我认为社会和经济权利的核心在于合理的限量分配。限量分配与禁止取得医疗资源是不一样的，而是为了其正常运作的必要措施。社会经济权利和公民权利、政治权利就算不是本质上不同，至少在享受权利的方式上也是不同的。言论自由的本质使它并不需要受合理分配的限制。每个人都可以自由发表言论，每个人到了法定年龄都可以投票。以上的公民和政治权利的问题在实际行使的时候才会出现，例如广播电视频道的取得，成立独立媒体的资金够不够，或投入选举活动的竞选经费来源等。但这些权利从一开始就是完整的，是全有全无的，并不需要逐步实现。但是，社会经济权利必须在资源有限的环境中逐步实现，因此一个公平的分配系统对其存续至关重要。

我对以上两种权利的区别效果还不是非常确定，困难在于：一方面，如何以清楚的概念将权利本质的差异表述出来，另一方面，权利受到侵害后如何决定适足的救济，也有待研究。但我很确信，一种权利，若是就其本质来说在实践时需要与其他权利人彼此共享，甚至是竞争的话，其法律特性一定与完全属于个人自主且独享的古典个人权利非常不一样。

国家有逐步实现获取医疗资源的权利的义务。因此，国家可以透过提供清洁饮水、干净空气、充足的营养等基本措施，来履行它的宪法义务。这样的义务也可以是透过提供床位及昂贵的治疗药品给需要的个人来实现。重要的是，健康医疗计划触及的范围越来越广，而且每个人都有权受到平等、不受歧视的医疗救治。

再论古特邦案

让我们回到古特邦太太的案子吧。认真对待基本权利的法官往往会对于两种诱惑特别谨慎。一项是过度的形式主义，亦即以消极和无感的态度面对真实的人、事、物，另一项是希望透过保障穷人来博取报纸头条的心态。我认为在古特邦案中所有法官都注意到要避免司法民粹主义（judicial populism），也就是说，不该做出只能一时地满足民众的渴望，但事实上无法行之久远的判决。然而既然我们法官已宣誓要以全民的正义为职责，我们必须使人权法案中的社会经济权利得以落实并具体化。古特邦太太和其他同病相怜的人要求政府有所回应。若是像本案的状况，成千上万的人因为国家的政策而失去住所，没有地方好好睡一觉、没有基本的遮风避雨之处，只有泥泞的土地和以塑料布当被子，所谓人民有要求合宜住宅的权利是没有意义的。我们所面对的问题是，如何找到一个法理上的稳固基础来处理他们的状况。换言之，我们必须找到一个合情合理的分析与补救方式，既不会给资源有限的政府造成太大的负担，又能强制落实社会经济权利。

在查克·亚可布大法官主笔的判决中，我们无异议通过，宪法中关于合宜住宅的规定，最核心的观念是，政府有责任通过“合理的法律与行政行为”以逐步实现居住的权利。我们觉得，法院对于“合理行为”这个概念是有能力做出判定的。若是这些措施无法达到“合理性”的门槛，那政府就是违反宪法义务了。在判决这些政府措施是否达到标准时，宪法法院同意政府在此一领域具有专业性，并了解到许多不同的政策都能符合合理性的要求。然而，不论政府的居住政策多么令人激赏，仍然有像古特邦太太这样的公民，她们的居住环境是这样的破陋不堪，她们的尊严也因此受损。换句话说，虽然从大方向来看，整个居住计划是合理的，但距离满足宪法要求仍有不小的落差。政府的措施当中并没有完整的计划来安置不得温饱的无家可归者，这包含重大天灾后的难民以及像古特邦太太这样的人。因此，我们判决，政府的居住计划是不合理的，因为这些计划“无法运用既有可利用的资源，为人民制定合理的法律……致使这一群人脚下无土地、头上没屋顶，命如蝼蚁，朝不保夕。”

在宣判之后，也就是确立了国家在社会经济权领域的义务后，我们让行政部门去决定怎么弥补过去的错误，才是最佳方案。因此，我们让行政部门去决定紧急救助的方案应该由中央、各省或地方去执行，还有救助计划应该怎样发展才是最合适的，是否只提供土地让人民建避难所，还是土地和收容所都要提供？或者是国家直接提供金钱补助，让有需要的人自行使用？基于同样的权力分立思维，我们让行政部门决定救助计划的经费从哪来：可以从一般住宅计划的预算中挪过来，可以从国防预算挪过来，可以增税，可以从任何预算项目挪过来，只有一点，我必须声明，不能从法官的薪水扣，这可是宪法保障的！

透过这种方式，我们不但提醒国家有保护人民基本人性尊严的责任，也确保是由政府来决定这些计划的优先级、内容和细节，以便符合其宪法义务。

为了做出原则一贯的判决，并且具有可行性和实效性，我们深感若要实现宪法人权法案要求的权利，必须建立在一个基础上：这些权利是息息相关且彼此依存的。宪法要求解释人权法案时必须以促进人性尊严、平等、自由等价值为原则。我们的宪法因为这些价值，尤其是人性尊严的价值而受尊重，而能统领这个国家。我们明确主张，居住的权利不能和人性尊严的权利切割。这意味着国家若只说它盖了很多房子供人居住是不够的，即使从国际标准来看它提供的房屋在数量上已经很惊人，也还是不够。国家对于这个问题的响应不能是形式上的，居住质量的面向同等重要。

艾滋病治疗推广运动

下一个关于执行社会经济权利的案子发生在不久之前，但同样充满争议。这个案子是关于我们国家严重的艾滋病毒携带者与艾滋病（HIV / AIDS）患者的问题。特别是关于感染艾滋病毒的孕妇能否在所有医院、诊所得到奈韦拉平（Nevirapine）[1]的治疗，而不是像现在，卫生署在南非的九个省份里，仅各选两处提供这类药品。这种药物能有效地阻止胎儿在孕妇体内感染病毒，而国家的政策是，这样的药物发放必须有所限制，以等待为期两年的相关管理问题评估。

这个案子是由“艾滋病治疗推广运动”（Treatment Action Campaign）所提出，据他们的委任律师所言，这是南非最有活力、最有效率的公民组织，且该计划也已引起回响。他们已经成功地帮助成千上万的艾滋病毒携带者不因此可怕的疾病而被边缘化，让这些携带者仍然能尽可能地享受正常人的生活。这组织的某些领导者曾参与种族隔离时期的抗争，所以知道如何整合街头抗争、媒体和诉讼。他们的主张是，政府在每个省份里只选两处提供奈韦拉平不

[1] 也称韦拉慕恩（Viramune），是治疗艾滋病毒携带者与艾滋病患者的药物。为避免产生抗药性，它通常得与其他抗反转录病毒药物一同服用。

仅不合理，且有悖于其宪法义务。他们指出，事实上，药厂免费提供该药物五年，安全性也没有问题，因为任何人都可以在药房买到奈韦拉平。他们的证据显示，不在前述范围内的其他十八个医疗机构服务的医生、护士也都迫切地希望能提供该药物给患者。

另一方面，代表政府的辩护人强力反击，他们指出这个问题根本就是行政部门的政策抉择，不应该由法院来处理。他们不客气地说："法官可不是开处方的医生啊！"本质上，他们的根据是权力分立的原则。而如果我们接受它，就某个程度上来说古特邦案判决的精神就被打折扣了。

我必须补充一点，"艾滋病治疗推广运动"的律师认为宪法法院在古特邦案中做得不够。他表示，人权法案的基础是个人权利这个概念。在他看来，宪法要求的是更强大的司法权，而非放任行政权拟定并执行他们觉得合理的政策。宪法要求法院来协助生活于最低限度以下的人民，使其能够过上一种有尊严的生活。

我清楚地记得我和律师对此议题的讨论。我抛出这个问题："你的意思是说，住在深山里的人可以到法院要求说他想要自来水，即使为了满足他的特殊需求所要花的钱可以供水给住在平地上的上万人，我们都应该满足他吗？""你这是个情绪性的问题。"他如此回答。"不"，我试着说明我的想法，这是关于如何才能够最佳地运用有限的资源，以实现社会经济权利的问题。我继续问："难道应该是手腕最灵活（而且律师最好）的人才能得到房子、水、电，还有更多吗？难道宪法要被解读为授予每个法官权利和责任，来决定谁能先得到稀少的社会资源吗？""是的。"他回答，"如果这些人的生活低于平均水平且无法过着有尊严的生活，他们的权利就是被侵害了。"

宪法法院最终的决定可能让不少人权团体失望，因为我们认为政府透过不针对特定人的政策，以满足人民最低限度生活需求，即已履行其最低限度的宪法核心义务，不需再针对任何个人满足其特定的请求。要透过法律诉讼来处理个别案件有其困难，当类似的否决案件越来越多，民众对社会经济权利的信心就会动摇，而原本就处于弱势中的群众将更加困苦。

然而，从公众的观点来看，这个案件的主要争议点是在宪法法院怎么面对卫生署的诉讼代理人提出来的主张，亦即，不论我们这些法官的个人观点为何，在宪政制度下都不适合由法官来决定公共卫生政策。在响应权力分立的问题时，大法官反问卫生署律师，不就是宪法本身赋予宪法法院要求这些宪法权利应该获得实施吗？如果这个理解正确，那么宪法法院不就是在权力分立原则的规范下，取得司法在此一问题上的发言权吗？

当我们要进法庭宣布判决时，我的同事桑岱尔·恩格库波（Sandile Ngcobo）大法官开玩笑地递手帕给我："奥比，你今天需要吗？"他的笑点是之前的一个他所主笔的宪法法院判决，而那也是我在世界各地演讲时喜欢与听众分享的经历。那案子是关于一个艾滋病毒携带者的男士应征南非航空（South Africa Airways）乘务员的工作，他通过了所有测验，但最后却因为身染艾滋病毒被宣布不适任。南非航空的解释是，英国航空（British Airways）也曾因为担心顾客流失而没有雇用同样病情的员工。在这份判决书中，桑岱尔·恩格库波大法官明确指出，任何航空公司的商业惯例都不能作为限制南非人民的基本权利的依据。他代表宪法法院宣告，任何人都不应该被歧视，航空公司应该对抗歧视和偏见，避免这些人被边缘化，而非屈服于歧视。因此，宪法法院认为原告受到不公平的歧视，因此判决他获得胜诉，要求南非航空必须重新雇用他为乘务员，直到他的健康状况不足以胜任该工作为止。

当时，法庭内挤满了穿着“HIV-POSITIVE”T恤的旁听民众。宣布判决时，现场是一片寂静。但当我们离座返回审判席后方的通道时，我听到一阵欢呼声，而就在那一刻，我的眼眶湿了。我流泪不只是因为想到艾滋病对南非的伤害，更大的原因是我以身为大法官为荣，因为我能够在这个位置上，为所有人捍卫基本人权、保障人性尊严。当时的我不自觉地流泪，然而这一次，我准备好了。所以当我们要步入法庭宣布“艾滋病治疗推广运动”一案判决时，我回他：“没问题的，桑岱尔。今天我有备而来，你留着你的小手帕吧。”

当我们步入法庭时，我又看到满满的、穿着“HIV-POSITIVE”T恤的人潮，不分男女老少、不分黑白，就像是代表我们这个多元国家的全体民众。当然，也有来自世界各地的记者。空气中弥漫着紧张气氛，但当首席大法官亚瑟·查斯卡森（Arthur Chaskalson）以庄严的语调念出判决摘要时，整个画面却又像是凝结住了。“既然该药物可以免费取得、又被视为可在私人诊所和检测中心安全使用，政府以需要进一步检验为理由限制供应，显非合理。”我当时脑中浮现的画面是，有许多婴儿原本可以健健康康地出生，却因为政府的一纸行政命令，使得医生无法开这种药，让这些婴儿一出生就成为艾滋病毒携带者。宪法法院宣判，所有的公立医疗机构都应该能提供这种药物，并让所有医疗人员能够在告知患者并取得其同意后使用。又一次，在宣布判决之后，完全的寂静。但当我们鱼贯走出法庭，在走廊上等候离开时，旁听群众的欢呼声再次响起。而我，也又一次地，哭了。

[判例一]

索布拉曼尼案——当国家的资源有限……

索布拉曼尼先生深受严重肾脏衰竭之苦，因而请求宪法法院判决公立医院应为他提供洗肾治疗。他主张，宪法保证他有取得医疗服务的权利。宪法法院判决他败诉，理由是宪法法院不应该介入由医疗主管机关做决定的事情，代为决定怎样才是使用稀有医疗资源的最佳方式，特别是将稀有医疗资源用在状况较佳的肾脏受赠者身上。这份判决是由当时的院长，后来担任南非首席大法官的亚瑟·查斯卡森所主笔。

亚瑟·查斯卡森院长：

我们生活在一个极度贫富不均的社会。数百万的同胞生活于极度悲惨、极端贫穷的状态。我们有高失业率、不健全的社会安全政策，许多人甚至没有足够的干净饮水和医疗照护。这些问题在制宪之前就已经存在，冀望能让我们的国家成为一个有人性尊严、自由和平等的社会，这是我们的宪法核心。但只要上述不幸的现象继续存在，所有的理想都只是空谈……

若医疗单位把现有的洗肾设备都用在维持慢性肾衰竭患者的生命上，受惠病人不会比依照现有的指导方针更多，而且治疗的结果也不会更好，因为它不能真正的治愈患者，而只是让患者停留在漫长的疾病状态。并没有证据显示这些指导方针是不合理的，亦没有证据显示亚丁顿医院（Addington Hospital）诊断上诉人索布拉曼尼时，不适合使用洗肾设备的决定是不公平或不合理的……

负责夸祖鲁–纳塔尔（KwaZulu-Natal）地区卫生医疗事项的省政府必须要决定将多少经费用于医疗政策，以及这些经费该如何运用。做这些决定并不容易。在政治层面上省政府必须要填补医疗预算，在执行层面上，省政府又必须决定医疗资源使用的优先级。法院不会主动介入负责这些事务的政府机关和医疗机构基于理性与善意的决定，毕竟这就是他们的权责所在……

每个人都会同情上诉人索布拉曼尼和他家人的处境，他们可能要散尽家财来支付能让他延续生命的医疗服务。悲惨的事实是，如果索布拉曼尼够有钱，他就能到私立医院使用洗肾设备，但他不是，他只能寻求公立医院的诊治。然而国家的资源有限、他又不符合使用洗肾服务的标准。不幸的是，这并不是个案。有许多和索布拉曼尼先生一样需要洗肾设备的患者，也有许多其他疾病的治疗面临资源不足的困境。更进一步来说，也有人民需要房子、食物、饮水、工作机会、社会安全等等。这牵涉到一种权利，亦即“生命权（right to human life）：像一个人一样活着的权利，与一个广大的群体共享生命经验的权利”……

国家必须在有限的资源上满足所有上述需求，因此有时会出现不得不有所割舍的抉择。国家必须从宏观的角度来照顾整体社会最大的利益，而非将资源用在特定的少数人身上……

[判例二]

索布拉曼尼案（续）——痛苦的选择……

在协同意见书中，我对一些社会经济权利的宏观面特质提出了看法：

萨克斯大法官：

尽管每个要求使用公共医疗资源的人都有权受到重视，但我们并没有一个合理且一致的标准来决定谁可以得到医治，而谁又不行。缺乏一致的标准比那些标准本身是否合理还受到更多的批评。一份联合国教科文组织文件指出："即使在工业化国家，虽然他们有能力借由公费补助的研究带动生物医学科技产业，社会大众，特别是年长者，对高科技医疗设施的大量使用也将无可避免地增加政府支出，从而排挤了针对年轻人的预防医疗，以及对劳动人口的健康照护支出。这也就是为什么绝大部分国家的公共卫生系统对于像是洗肾或是器官移植的费用，并不给付，或是有着严格的限制（利用各种名目）。"……

如果政府无法为所有人提供相同的照顾，那它也不能只提供给某些人某些照顾。于是导致一个无法避免的难题，即在这种情况下政府只好什么照顾都不提供……

健康权的本质让我们不能以传统的、以人的自主性为核心概念的法律架构来看这个问题，我们需要的是一种新的、以人类互赖互助为本的分析架构。一个健康的生命有赖于整个社会环境：空气和饮水的质量，以及国家为了公共利益而维持的卫生环境；人际间的关怀程度也和个人健康高度相关；医疗机构提供的正式诊疗与照顾；患者的家人、朋友、小区所提供的非正式医疗关怀也同等重要。正如同哈佛大学法学教授米诺（Martha Minow）所言："互相倚赖并不是一种理想，而是一个不可逃避的事实。有限的资源让我们不得不相互迁就。谁能够用洗肾设备？谁应该先得到肾脏移植？"……

传统的权利分析模式因此必须做出调整，我们必须规划出一种宏观的宪法架构，以处理同样有资格的人彼此竞争有限资源时该怎么办的问题。当某种权利必然是分享的、互相依存的时候，我们必须在平均分配给所有人或是给予少数有特别需求的人之间取得平衡，而这样的做法并不能算是限制了这种权利……

不论生命权在南非被如何定义，事实上不可能有任何一种宪法权利可以强大到能够排除死亡之发生。正如同美国联邦最高法院的约翰·保罗·史蒂文斯大法官（John Paul Stevens）所言："死亡是生命的一部分，死亡是生命的完成，而非与之对立。然而，我们能做的是与死亡和解，面对它而能处之泰然。"这是我们该用来面对本案的精神。以人为方法来延续生命的稀少资源在此需挪为他用，而我们必须做出这个痛苦的选择……

法院并不是解决此类患者与医疗问题的适当场所。虽然宪法法院的违宪审查功能在民主体制中很重要，但囿于制度设计的局限，以及适度的宪法谦卑（constitutional modesty），我们对类似案件的审查必须格外审慎。司法系统提出的方案不可能取代那些非常个人层面的痛苦挣扎，这些挣扎都发生在"患者自己身上，发生在对病人施救的医疗人员以及关心患者的人们身上"。

此外，人权法案的条文规定不应该被过度解读，让法官处于自己是拿诉讼当事人的生命当赌注来判案的忧虑当中，并因此要求医院将最昂贵的医疗资源或不适当的医疗程序用在诉讼当事人身上，占用了稀有医疗资源而排挤了其他人的权益……

本案原告展现出一种最值得尊敬的态度，并清楚意识到世上还有很多与他一样病情急迫的病人。如果资源和同理心一样丰沛，那我身为法官做决定就容易多了。不幸的是，我们的资源有限，而我也找不出我比这些医疗专业人士更适合来做这痛苦决定的理由。

[判例三]

古特邦案——人，就应该被当人对待……

法院判定，虽然政府已经提出大规模的住屋兴建计划使人民能从简陋的木板屋搬到真正的房子，这并不表示政府可以停止给因为被驱逐，遭逢火灾、水灾而无家可归的人，兴建避难所的计划。这份经全体通过的判决由查克·亚可布大法官主笔，内容如下：

亚可布大法官：

我们的宪法不但重视公民权利和政治权利，也重视社会和经济权利。所有的权利在我们的宪法中是互相关连且相辅相成的。无疑的，一个人若是没有食物、衣服、房子，也就没有了人性尊严、平等、自由等等基本权利。赋予人民社会经济权利是让他们享有宪法保障的其他权利的前提。这些权利的实现也是促进种族和性别平等、不分男女都有平等机会实现自我的社会进步的关键措施……

由此观之，买得起房子的人，不论房子是大是小，和买不起房子的人是有分别的。对于买得起拥有最低限度设施房子的人，国家主要的义务就是松绑政策，提供购买房屋的机会，或订定相关立法与提供贷款以帮助愿意自建住屋的民众。发展与社会福利则是要照顾靠自己买不起房子的人。国家政策必须同时照顾这两个族群的人民。贫穷的族群较为弱势，他们的需求更需要特别注意……

国家的住房政策必须有整体计划，也可能因省而异、因市而异、因都市或乡村而异，甚至因人而异。有些人只需要土地，有些人需要土地和建材，有些人需要贷款；有些人可能需要自来水、污水处理、电力供给、联外道路等等的协助。在乡村地区，务农的居民集体住在村庄里，所以适合那里的居住政策套用在都市地区可能就不适合，都市人需要的是就业机会和生活空间……

住房政策的合理性问题，也必须放在整个宪法人权法案的架构下来审视。人人都有权享有合宜的住所，毋庸置疑，因为我们重视生命，也希望国民都能享有基本的生活所需。一个社会若是基于人性尊严、自由和平等而结合，就必须确保社会中的每个成员都应配有必要的生活物资。一个合理的住房政策必须考虑没有享受到权利的人被忽视的程度与广度。这些人的需要是最急迫的，他们的权利受损也最严重，如果要实现社会经济权利，所有的政策与措施就不能忽视这些人。光是用统计数字说这些措施已经照顾了很多人的权利并不足以满足合理性的要求。此外，宪法要求国家照顾、关怀到每个人。如果这些措施只是在数字上好看，却没能照顾到这些社会边缘人的需求，自然远远称不上是合理的……

宪法上并没有明确规定这些没有土地、没有房子、住在断垣残壁之中、因为天灾而无家可归或是房子要被铲平的人，要如何能取得暂时的栖身之所。这些人对住屋有迫切的需求。若是有一批牢固、舒适、安全的住屋，能够满足目前住宅发展相关条例所规定的住屋标准，即可满足他们的迫切需求……

其实住房计划的执行已经取得了丰硕的成果。政府已经投注了大量的资金，也有不少的房子已经盖好了。大量的心力、人力、资源和专家也持续投入，以期让这些房子早日完工。这一切都是为了能够促成居住权的逐步落实。然而有个问题一直存在：这些措施是否符合合理性标准？

各种权利之间是彼此相互关联的，而且重要性不分轩轾。而这样的观念并非只是理论上的假设。对一个以人性尊严、平等、自由为本的社会来说，这样的想法在观念与实践上都非常重要。任何一个国家的政策措施都必须兼顾人性内在的尊严才称得上是合理的。我国政府的住房政策亦然，否则宪法推崇的人性价值就将形同具文。若我们从人权法案整体的角度来诠释第二十六条[1]，被告有权要求国家在任何状况下，特别是在处理关于人性尊严的问题时，都须有合理的政策措施。简单来说，我要强调的是，人，就应该被当人对待……

[1] 南非宪法第二十六条属于人权法案一章，有关国民居住权之保障。

[判例四]

霍夫曼案——愿偏见与歧视不复存在

南非航空拒绝雇用艾滋病毒携带者霍夫曼先生为乘务员。这个经一致通过的判决由桑岱尔·恩格库波大法官主笔，判决指出，南非航空此举造成歧视，并判决南非航空必须雇用他为乘务员，直到他的健康状况不足以胜任乘务员的工作为止。

恩格库波大法官：

我们禁止歧视的根本原因是宪法认为所有人，不论其社会地位如何，都应该享有平等的尊严。当一个人被歧视时，他的尊严就受损了。歧视程度的判断标准就在于被歧视者受伤害的程度。其他相关考虑包含被歧视者的社会地位、歧视的目的是什么、被歧视者受损害的程度，以及该歧视对受害者的人性尊严伤害程度……

上诉人是艾滋病毒携带者，这样的人在我们的社会是少数群体，而我们的社会对他们的困境投以强烈的偏见，使得他们承受了制度性的剥夺和歧视，他们被污名化和边缘化。正如同本案所显示的，即使霍夫曼先生胜任该工作，却因为身染艾滋病毒而被拒绝。社会对他们的偏见导致许多携带者隐瞒自己的身体状况以避免歧视，但这样也剥夺了他们得到帮助的机会。艾滋病毒携带者与患者是我们社会中最脆弱的一群人。即使有许多医学证据说明这种疾病的传播方式，对艾滋病毒携带者的偏见和刻板印象仍然存在。这种歧视，在我看来，是一种新形态的羞辱，是一种对于人性尊严的攻击。对艾滋病毒携带者的偏见有毁灭性的负面影响。在职场上尤其严重，而这剥夺了他们生存的权利。因此，这样的状况在法律上需特别保护……

当然，正当的商业考虑是企业决定是否要雇用员工的一个主要因素。然而，我们必须对抗以商业利益做伪装的刻板印象和偏见。为确保更大的社会利益，每个人的人性尊严必须被承认，任何形式的歧视都必须杜绝。唯有当这些族群受到保护，我们才能确定我们的权利也受到保护……上诉人的宪法权利不能由偏颇的社会印象来决定，也不能引用不受我国宪法管辖的其他国家航空公司的例子来决定……

偏见永远不能将歧视合理化。这个国家最近已经形成某些制度性的偏见了。我们的法学文献充满着现在我们视为理所当然的权利在过去被歧视的例子。我们的宪政民主被带到一个新纪元，一个所有人的尊严都被尊重的新纪元。在这个新纪元，偏见和刻板印象将不复存在。事实上，如果我们想要建立宪法里我们追求的平等国家，那我们就不应该容忍任何直接或间接的偏见存在。南非航空身为国营航空，自然必须履行其宪法义务、捍卫宪法尊严，而非向偏见和刻板印象屈服……

我们对于艾滋病带原者必须抱持同理心和理解。我们必须向他们展现“和解”的和平共存精神。他们不应该被谴责甚至被判“经济（权）死刑”，如果不给他们平等的工作机会，那就是判他们“经济死刑”。这项课题在我国尤其重要，因为据闻我国的艾滋病感染率高得令人不安。

[判例五]

艾滋病治疗推广运动——法院是基本人权的守护者

宪法法院一致判决，卫生署限制在两年的试验期间，每个省份只有两处可以提供“奈韦拉平”这种抗反转录药物是不合理的。判决认为这样的药物应该在所有公共场所，只要有医师可以开处方和配药，携带艾滋病毒的母亲和她们的新生儿就应能立即取得，这份判决处理的是关于行政权和司法权的权力分立问题，内容如下：

宪法法院：

国家必须逐步采取负责任的措施以杜绝或减缓对我们社会伤害甚剧的大规模不公平……我们必须谨记在心的是，在处理这类事务时，法院并没有足够的资源去进行实务层面与政治层面的深度调查，因此也无力决定何谓最低限度的合理标准，或判断公共经费应该怎么花才最合理有效……政府预算有许多需要急迫处理的事项……当法院命令会产生复杂的社会和经济后果时，那就超出了法院的能力范围。宪法赋予司法权一个明确但狭隘的角色，亦即，宪法要求司法权监督行政权是否有实行合理的政策措施以履行其宪法义务。这些合理性的决定可能有预算上的意涵，但法院不会直接影响预算分配。在这种方式下，司法权和行政权达到了一种权力分立上的平衡……

我们也意识到，政府得面对流行病带来的许多棘手问题。除了流行病之外，政府还必须要处理教育、土地、房屋、健康医疗、食物、饮水、社会安全等庞杂的事务。这些都是我们宪法里明文规定的社会经济权利，国家必须在有限的资源下，以合理的立法等措施来逐步实现这些权利。从我国的历史角度来看，这无疑是个异常艰难的任务。但尽管如此，这是国家责无旁贷的宪法义务……

代表政府的律师主张，在权力分立的原则下，制定政策系行政权专属权力，司法权不能以命令的方式凌驾于政策之上，并要求行政权执行。宪法法院过去的判决已经多次阐明，虽然行政、立法、司法三权间的界线并不明确，但某些事项显然专属于某一权力。三权及其所辖单位都应该尊重权力分立的原则。然而，这并不是说，法院不能或不应该以命令影响政策……

法院的主要任务是忠于宪法和法律，务使其“公正、无畏、无私、无偏见的适用”。宪法要求国家必须“尊重、保护、促进、满足人权法案中的权利”。当国家政策有抵触宪法之虞时，法院必须检视政策本身和其施行是否符合行政权的宪法义务。如果法院要在任何案件中宣告行政部门未能满足宪法义务，那也是基于宪法赋予司法部门的职权所致。如果这构成了司法权对行政权的干涉，那其实也是宪法要求司法权所进行的干涉。政府律师主张对政府的命令应该区分为宣示性（declaratory）与强制性（mandatory）两种，但此举实无裨益。即使是政府或国营单位的宣示性命令也会影响其政策与预算分配。政府有宪法责任去遵守法院命令，不论这是否会改变其政策，也不论其有无资源。因此，在普马兰加案（Mpumalanga case）中，宪法法院撤销省政府的政策，判决政府须补助某些学校，且这些补助需持续数月。同样的，在奥古斯都案（August Case）中，为能让受刑人也享有投票权，即使所需经费可能很庞大，宪法法院仍要求选举委员会修改选举政策、计划、规定……

艾滋病问题的严重性需要我们同心协力来携手合作，且行政、立法、司法三部门应该各司其职，动员所有资源，相关公民团体也必须全力以赴。为达到这个目标，政府得善尽沟通协调的工作。同时，必须有一个公共卫生计划，让所有关心此议题的人，如第一线的护理师和患者，通通知晓。事实上，这样的公共卫生计划如果要符合宪法要求的合理性，它的内容就应该被适当地广为传播……

我们必须要有配套的全国性计划才能对抗艾滋病的蔓延，而政府已经承诺要投入这场战役。我们的判决指出，若是政府政策排除应该可以取得药物的人，导致无法阻止亲子间的艾滋病传染，那这项政策就无法满足宪法标准。

这并不是说每个人都可以马上要求接受这项治疗，尽管就像萨布拉博士（Dr. Ntsabula）所言，那是我们最终的目标。我们的每一项努力都应该朝这个目标迈进。预算的增加将能加速这一进程……我们认为这个社会的每一个部门，特别是公民团体的参与是达到这目标的重要环节。政府一向尊重并会履行宪法法院的命令，我们相信，在本案中，政府也会这么做。

第八章

人性尊严与比例原则

> 尤其是当政治领导人面临来自民众巨大却不合宪法原则的压力时，人性尊严濒临威胁，此时不需向选民负责的法官反而有施展的空间。法官们可以倚赖宪法所授予他们的独立性，来确保正义无畏、无私、无偏倚地关照到每一个人。

如果说我常在浴缸中获得顿悟，他人给我的启发则常发生在餐厅里。某次我和当时服务于欧洲人权法院（European Court of Human Rights）的丹麦法官伊西·福吉（Issy Foigel）在约翰内斯堡共进晚餐，他告诉我，在欧洲人权法院里面，来自南欧的法官和来自北欧的法官思路有明显的不同。他们对判决结果也许意见一致，但逻辑推论过程却大相径庭：来自南欧的法官相信他们的任务是分辨正义和不正义、正确与错误，而来自北欧的法官则认为他们的职责是在各自有理的权利主张中保持中立，主持程序工作。后者相信，在现代多元的民主社会里，极端的不正义已经很少见。他们认为人权法院的基本课题是要找出一个能够平衡各种公共利益与私人利益的一致性做法，而不是划分正义、不正义的界线。

对我来说，南非宪法法院处理的案子也多半是权利和权利之间的冲突，或说正确的主张和正确的主张之间的矛盾[1]。我们真正的难题不是辨别合法与非法，而是努力调和在开放、民主社会之中必然有的利益冲突。在这样的前提下，抽象法释义学的论理方式不是那么重要，取而代之的是以目的、脉络、后果影响以及价值为中心的审判方式。这并不是说，前后一致的法律论证和法律融贯性（legal coherence）的要求不重要，难以捉摸且多半是个人主观判断的利益和欲望，反而成为法院的主要关心。正好相反，在这种情况下我们更需要预先取得客观的原则与事实证据，以作为判决的根据。更重要的是，我们必须时时谨记在心，这些原则本身即蕴含平衡的元素。事实上，如果有天我漂流到一个荒岛之上，而且只能带两样宪法所蕴含的法宝，那我要带的就是人性尊严和比例原则（proportionality）。

当我受邀和美国联邦最高法院的斯卡利亚（Antonin Scalia）大法官在丹麦国会“六百周年庆”活动上发表个人演说后，我就一直在思考形式主义的法律论理和目的性衡平的法律论理之间究竟有多大的差异。显然，我们两个人同时受邀这件事情，也是基于一种衡平性的想法。讲话充满个人魅力、鞭辟入里的斯卡利亚大法官认为，法官的职责仅仅在于确保宪法的各项条文必须被遵守。他说，保障个人自由最好的办法就是权力分立，一方面各州和联邦政府必须分权，另一方面立法、行政、司法三权也恪守本分、互不逾矩，而非让法官将他们的主观偏好加诸透过民主程序通过的法律里面。因此，他完全不赞同将比例原则、价值平衡这些观念作为司法权的武器。

[1] 作者用“正确和正确”（right and right）来对照前面提到南欧法官的“正确与错误”（right and wrong），但 right 同时有权利的意思，因此作者用此双关语，同时指涉“正确和正确”及“权利和权利”的冲突。

在他看来，立法者而非法官，才是这些必要的利益平衡的执行者，立法者必须在各种冲突的利益间取得适当妥协。这次的经历真是太美好了，我有三大收获：一、原来丹麦国会过的不是六百年生日，而是一百五十年；二、斯卡利亚大法官在法庭上十分严厉，但私底下他是非常和蔼可亲的；三、在丹麦的社会环境中，伊西·福吉告诉我的比例原则比斯卡利亚大法官所提倡的推理原则，更令人认同。虽然丹麦的宪法是比较传统的宪法，在基本权利保障上没有太多突破，但身为欧洲国家，以及其对《欧洲人权公约》（European Convention on Human Rights）的遵守，才培养出丹麦人民强烈的基本人权意识。倒是在法国，传统上人民的总体意志透过国会呈现出来，有了很大的转变。我听过一位法国宪法委员会的法官发表如下观点：19 世纪是行政权控制国家的世纪，20 世纪是立法权凌驾于行政权的世纪，至于 21 世纪，将会由司法权来确保立法权和行政权都会遵守有关人民基本权利保障的规范。

南非协议式的革命帮助这个曾经一度极权、充满种族歧视的国家，脱胎换骨为一个民主政体。南非著名的公法学者艾蒂安·穆瑞尼克教授（Etienne Mureinik）因此有感而发，从司法的角度提出相当隽永的评论。他指出，我们正跨越一座桥梁，这座桥梁是从诉诸权威的文化通往诉诸理性论证的文化。不论斯卡利亚大法官的想法能否被视为诉诸权威的文化，我国的宪法法院无疑是建立在诉诸理性论证的文化之上。其意涵对司法的影响甚巨，而宪法法院有责任带领着全体司法工作者去接纳并吸收必要的改变。律师将这种改变视为从文义性解释变成目的性解释，但实际上必要的工作远超过此类技术性转换。我国宪法对司法权的运作带来了极大的改变。宪法要求宪法法院以制宪之前我们想都没想过的全新方式来处理三个大问题。这三方面都要求我们超越原本刻意固守条文的模式，进而承担起在宪法范围内进行审慎权衡的裁量。这样的转变就像是一段旅程，航程的起点是过去那种执着于概念分类和严格套用形式规则，终点是以原则一致的方式，在一个开放民主社会中必然会出现的冲突利益之间进行轻重权衡。我们的宪法鼓励我们参照外国的法律，而我们也发现在全球如雨后春笋般出现的各国宪法法院，大家对司法功能的演变都有相同的理解[1]。

在制宪之前的年代，我国是议会主权国家，国会主宰一切，没有人可以质疑国会所制定的法令。那年代法官勉强拥有的诠释功能便是从国会立法程序中的讨论去推敲立法者的原意。现在，法官的主要工作变成判断法律是否符合宪法。即使在某种程度上文字是死的，我们仍努力活化法条文字，使其合宪。如此一来，司法的主要工作不再是从立法文字上去推敲国会的原意，而是判断对法条内容的某种解读是否超出了宪法所能允许的范围。从议会主权迈入宪法主权，国会不再是最高的权力来源，过去主宰法律界的陈旧、高技术性法条解释方式实际上已经不合时宜，法律争论和判决的本质也已经改变。

第二个司法工作的全新变化是，司法者在处理法律违宪争议时，不能再以迂回的方式，避免该法律对宪法保障的基本权利造成限制，以对被质疑的法条进行解释。我们现今必须回答在制宪之前根本不存在的司法问题：在一个以人性尊严、平等、自由为本的开放民主社会，对权利的限制是正当的吗？事实上，关于是否可以透

[1] 宪法法院是否可以参考、引用外国法院判决，向来多所争议。美国联邦最高法院很少引用外国法院判决，斯卡利亚大法官更大力驳斥引用外国法院判决的必要性和正当性，认为有违国民主权原则和民主原则。

过立法对某项权利进行限制的问题，很快就占据了宪法法院大部分的时间。宪法本身就提供了一系列可供参考的因素。根本上，我们必须根据比例原则，针对每一个个案做判断：对权利的限制与其限制手段是否与其所欲保护的公众利益成比例？这类问题的核心在于不同利益间的平衡。简单来说，就是比例原则。比例原则、比例原则、比例原则，我再怎么重复这个词也不为过。我们的第一个案子乃关于死刑的合宪性，便是以比例原则作为整个法律分析的脊梁骨。

我之后将会详细分析比例原则的重要性，但在此之前，我必须先说明司法工作第三个天翻地覆的大变化。我将其称之为救济（remedies）的问题。如果一个法规不合宪，如果对某项权利的限制是不合法的，那么适当的救济是什么？宪法对此给予宪法法院在个案的判决上极大的裁量空间。宪法法院可以剔除法条中某些违宪的文字，只留下合宪与符合该法意旨的部分。如果剔除违宪文字不能达到目的，宪法法院可以宣布该法的概念违宪（notional unconstitutionality），也就是说，打个比方，该法可能在甲、乙、丙部分违宪。这些都是我们在制宪之前未曾听闻的方式。至于那些坚持以过去的方式、企图尽可能顺从立法者意志的法匠，这样的改变更是难以骤然适应。现在，我们在解释法律时，不再受限于法条文字，而会掌握更多的意涵。

我们第一次将这种法律解释方法运用在个案之中，是针对一个移民法规的案子。该法很明确地是为了公共利益而立法，但却是违宪的，因为它只限于用于合法结婚的夫妻而不包含同性配偶。在这被视为对性倾向的歧视后，我们决定不将其送回国会修法，而是由我们来加进一段话，让同性配偶也能适用该法。该法的目的很清楚，我们以影响最小的方式进行改变，更省下大笔的政府经费。我们认为国会需要添加的文字，国会总是都会照办以使法条合宪。如此一来，透过附带条件的合宪性解释，宪法法院深化了而非阻挠了国会原本的立法目的。

一般情形，当宪法法院宣告某法条违宪时，它也有权针对这项违宪宣告做出它认为符合正义且公平的配套命令。这赋予宪法法院广泛的裁量空间去选择给予救济的方式。宪法允许法院让违宪的法律存在一段时间后才失效，以便国会有时间修正疏失，这些都是在新宪法生效前不存在的。然而这样的裁量空间不表示我们可以不提出合情合理的理由。相反的，我们在每个案件上都必须清楚地解释推论过程，胪列正反意见，以及最终采取的单一救济途径或复合式救济途径是在什么基础上做出来的。事实上，在每个个案的讨论中，我们花在讨论救济途径上的时间绝不少于讨论实体争议问题的时间。

我现在要回到宪法法院的核心实质工作，其中大部分都牵涉到比例原则如何运用在个案之上。在每个案子的最后我们都必须做出价值判断，因此很快我们就意识到有需要尽可能全面、清楚地把判断的基础原则交代清楚。判决不能只是“法官这么说”或是法官主观的看法，我们必须论证在什么样的脉络下，启动了宪法基本权利的保障机制，分析受质疑的法条能如何促进公共目的，检验该法条在多大范围内可以保障人民权利，还有最重要的，判定该限制的范围是否符合比例。同时，为了达到平衡，我们必须尊重行政权应享有一定的裁量空间，可以选择适合的措施以达到其政策目的。另外，我们也应该理解政府有一定能力对哪些政策缓、哪些政策急进行实务性的评估，并在需要时邀请立法单位介入。在政策会造成多重冲击的地方，换言之就是会对诸多生活层面造成广泛且不易计算的损害时，政府的裁量空间就特别应予以尊重。

与此同时，我们总是要以宪法为准绳来检测每项政策，是否能够在一个开放民主社会通过人性尊严、平等与自由的考验。在援用这一判案准则时，我们尽可能地多参考各国的案例，从他们的法学思维与司法实务中汲取经验。因此，我们认为我们有责任在做出判决时，让读者能完全理解我们考虑了哪些因素，哪些因素具有扭转全局的关键性作用，以及背后的原因是什么。

在绝大部分的案件中，我们不断辩论，直到我们取得足够的共识，能够以一致通过的方式来撰拟判决书。但也有些时候，大家对于比例原则的天平上应该包含哪些利益，各执一词、无法妥协。例如，在关于拉斯特法里教派（Rastafari）[1] 主张宗教自由应可以保障他们使用大麻而不受刑罚的案件时，宪法法院大法官们形成六票对五票的局面。虽然我们都采取比例原则进行平衡性的评估，但结果每位大法官对相关考虑给的权重都不一样。这个案子是一位实习律师提出的，他按照本行的专业标准已经够格成为律师了。然而，他曾经两次因为持有大麻被定罪，而且根据他的宗教信仰，他无法保证不再吸食。宪法法院将此案延后开庭，以便收取拉斯特法里教派信众和大量来自司法人员的证词。在研究这些资料后，大多数的大法官认为没有办法让警察以宗教因素为拉斯特法里教派破例。我在不同意见书中指出，多数意见并没有对边缘化的宗教族群给予足够的尊重，这也让主流思想掩盖了不同群体的声音。在我看来，警察可以将查获的大麻分配一部分给指定的拉斯特法里教派

[1] 1930 年代兴起于牙买加的一个基督教教派，信徒以非洲人为主，并视埃塞俄比亚皇帝海尔·塞拉西一世（Haile Selassie I）为天父的化身，或是耶稣基督的再生。吸食大麻是他们的宗教行为的一部分。起源于牙买加的雷鬼音乐也与拉斯特法里教派有很深的渊源。

牧师，以供信仰之用。详见普宁司案的判决摘录，该段显示经过比例原则的平衡后可以有不同的结果。重要的是，在多数意见和少数意见中都充分揭露我们考虑的因素，特别是我们在论辩结构上相当倚重的因素。

类似的，在牵涉到平等保障的案件中，我们必须根据宪法去判断对不同人的差别待遇是否构成了不公平的歧视。为了回答这类问题，我们被迫要去考虑该措施对特定族群所造成的实际影响。即使我们都以比例原则进行检验，我们的结论还是会有分歧。因此，在一个关于往生者（即被继承人）财产只能给配偶，不能给未婚同居人的法规是否违宪的案子上，宪法法院形成了七比三的分裂。事实上，多数意见认为，就法律观之，未婚同居人在伴侣过世前并没有任何法律义务，死后将财产判给还在世的未婚同居人在逻辑上不通，也不公平。我所提出的不同意见书，先很不好意思地说，至少是判决书的两倍长。我主张，该案不能以狭隘的婚姻法观之，而应该以宽广的家庭法来审视。家庭关系的本质和紧密度才是家庭的关键元素，家庭成员间的亲密关系，以及活着的人对死者和孩子无私的奉献，这些都限制了遗属借此敛财的机会。尽管实际上一个人可以选择的婚嫁对象往往有限，但从法律观点来看，人的确有自由去做选择。然而，我跟其他法官赋予这个事实的重要性不一样，这是造成我们之间的重大分歧的原因。我的不同意见详见沃克斯案的摘录。

接着我们要处理的是社会经济权利的执行问题，其中最值得关切的问题在于：国家在资源有限的前提下，是否能实行合理的政策措施来实现这些权利，这也是本书第九章所要探讨的。比例原则、公平性、合理性：这些问题都不是光凭文义解释和逻辑分析就能得到答案的。为体现宪法精神，针对每一个来到宪法法院的案子，我们都必须在重要的社会与道德议题上做出价值判断。也就是说，问题不在于“要不要”做价值判断，而在于“如何”做出符合宪法表面文字与内在精神的价值判断。我国宪法是个承载丰富内在价值的宝库，那些价值不只是隐含在其整体设计的民主政治架构中，更明白表示在宪法概论、制宪原意，以及对于人权法案的解释方法之中。

从以上的两个案子来看，在关于边缘化的宗教团体和未婚同居伴侣的权利问题上，宪法法院的大法官们不必然对什么是最好的政策有不同的看法。关于卖春／性工作者的问题上，也是一样。导致宪法法院分裂的争议在于，该案应该完全交由立法部门来权衡，还是因为牵涉到基本权利问题而需要司法权介入？一般来说，制定公共政策，以及决定如何利用资源才最适当，并非法官的职责，而是选举产生的国会议员的工作。这不仅是因为法院要避免干涉预算的决定，毕竟，要执行基本公民权利通常会牵涉到预算问题，例如法院要求举行选举，或是提供法律援助的条款便是明显的例子。更深一层的问题是，法院在制度设计上，是否适合在许多选举时会引发社会舆论激烈争论的议题上，采取特定立场？答案通常是否定的。政府的政策是睿智或愚蠢是由民意和选民决定的，不是由法官决定。在民主宪政下，这是一般原则。我强调，是一般原则，但并不是完全不可变通的。

我的观点是，在少数的状况下，法官因为不需向选民负责所以在处理高争议性问题上反而处于有利的位置。宪法要求我们捍卫颠扑不破的核心价值，它不仅成为举世共尊的法律理念，更与我国日渐成熟的宪政观念有直接关联。这让我深切地体会到，在宪法的设计中，独立的司法权与保障人性尊严的工作是息息相关的。稳若磐石的基本权利保障提供给宪法一个面对每一个公民时的基本架构。法院的职责不是在社会上选边站，不论这边是强是弱。法院也不允许纯粹个人的政治、社会、道德立场有过大的影响力。法官当然也有个人意见，而且常常还很强烈，但法官的个人意见就像是光线一般，必须经过宪法这个棱镜的折射，才能发出光芒，才能在社会上发挥影响力。宪法本身将一个重大责任托付给法官，即要求他们确保人性尊严无时无刻不受到尊重。这就是为什么我们享有基本人权。

在一个不但异质性特别高，而且极端不平等的社会，对人性尊严的尊重是最能凝聚社会的宪政原则。这意味着我国宪法人权法案不只是为了确保有产有业者继续享有这些权利，也为贫苦弱势群体创造了获得尊严的机会。如此一来，其实我们无须再辩论未经选举的法官是否适合在具争议性的政治问题上选边表态。真正需要深思的问题是，如何审慎地为法官们划定出一个有限且实务上可操作的界线，让身为人性尊严捍卫者的法官也可以在高争议性政治问题之中发挥作用。尤其是当政治领导人面临来自民众巨大却不合宪法原则的压力时，人性尊严濒临威胁，此时不需向选民负责的法官反而有施展的空间。正是在此关键时刻，司法权借由一种最纯粹的形式发挥其功能。法官们可以倚赖宪法所授予他们的独立性，来确保正义以一种宪法所期盼的方式，无畏、无私、无偏倚地关照到每一个人。

在确保特别弱势的族群的权利时，法院将奉行宪法表面文字与内在精神所共同传达的价值。大多数具有违宪审查权的法院都会透过比例原则的衡平检验，都会依照宪法诫命的价值去处理许许多多的个案。这个现象并非偶然。一个尺寸的鞋子不可能容得下所有的脚。比例原则有它的必要性、有它的逻辑、它所要求的证据门槛，以及它下辖的次级标准[1]。比例原则究竟要如何落实运用，还是要以开放民主社会中所通行的概念为准。这样的“社会”只存在于概念上，不见诸世界上哪个国家，不见诸世界上哪一部宪法，也不见诸世界上哪一种司法制度。这是一个理想型的社会，依照各个被视为民主国家的社会里面，处理权力和权利议题的实际经验而导出的理想型。这个社会消灭了所有的压迫、困厄、隔阂与歧视，这些都是旧社会的产物（令人难过的是，在世界上许多角落仍有这些现象）。这个社会充分认知人性尊严的基本精神和原则，并以“接受每一个人他们现在的样子”为目标。这个社会假设多元的存在，而且不但欢迎每个人，还以同等的关怀与尊重对待每个人。这是一个保护良知和言论自由权利的社会，这是一个确保政府需要向人民负责的社会，这是一个票票等值，而且少数意见不会被忽视的社会。

这个想象的社会成为我们用来衡量政府法规和施政之合宪性的监本。在处理我们经常面对的难以决定的案件时，想一想这个理想社会里面的标准，不时能给我们启发。身为法律人，同时也身为人类的一员，我们的工作始于辨别与欣赏该理想社会之轮廓。仿照美国联邦最高法院的霍姆斯大法官在一个世纪前针对习惯法（common law）的评语，宪法的血脉不是来自逻辑，而是来自经验。这句话要成立，必须补充一点观察，宪法的动力是来自逻辑，但它整体的融贯和持续，则是来自逻辑与经验是否能够彼此交会。

[1] 如适当性原则（手段是否有助于达成目的）、必要性原则（是否为最小侵害的手段）、狭义的比例原则（所受损害不得超过所失利益）。

［判例一］

普宁司案——狎侮来自陌生

从以下的判决摘录可以看出，我和多数意见的大法官们都同意必须有平衡性检验。在天平的一端是拉斯特法里教派信众要求的让他们例外持有大麻以举行吸大麻的宗教仪式“达加”（dagga）。而天平的另一端则是可行性，或者说是让执法机关为了他们特别制定例外条款。多数意见认为，允许有限的例外将增加往后执法的难度，而且有限度的例外在任何状况下也都无法满足拉斯特法里教派信众的要求。我则认为，多数大法官没有对边缘性团体的宗教自由给予足够的重视，也不够重视社会整体包容彼此差异性的重要性。此外，在平衡检验上，我们也必须弄清如海洛因这样极度有害的药物和酒精、香烟同等级药物的区别，这些以休闲为目的而生产的药物早在殖民时代之前就有了，而且还是从本土植物中提炼出来的。

多数意见：

争论焦点不在于我们是否同意法律禁止人们持有、使用大麻。我们对此的观点与本案并不相关。唯一的症结在于该法是否合宪。上诉人主张该法侵害了他的宗教信仰自由和举行宗教仪式的自由，这才是我们要处理的问题。

在宪法要求的比例原则分析之下，宗教信仰自由和举行宗教仪式的自由，在一个以人性尊严、平等、自由为本的开放民主社会无疑是重要的，而法律对拉斯特法里教派举行宗教仪式的自由造成了实质上的限制。但是，我们也必须知道，该法的存在是为了协助政府的反毒战争。上诉人主张，该法虽然用意与施加在一般大众身上是有正当性的，但却管得太宽，其规范限制了拉斯特法里教派的使用，那应该是合法的，不应该被禁止。

该法禁止持有与使用有害药物，目的是在源头切断这类药物的供给，使人无法取得。这个一般通则是毋庸置疑的。该法试图借由阻绝所有对有害物质的持有（唯医疗或研究目的除外）来减少药物危害，而非仅惩罚该有害物质的有害使用。这样的规范有助于该法的执行。凡持有该药物即为犯罪，是否自用或最终使用目的是否有害则所在不问。如此的管制法规事实上乃是沿用南非也参与的《1961 年尼古丁药物单一公约》（1961 Single Convention on Narcotic Drugs）。

大麻这种药物在南非国内外都有大量非法贸易，此外，拉斯特法里教派在宗教仪式上所使用的大麻并非圣礼式或象征性的少量吸食。当两个或以上的拉斯特法里教派信众聚在一起举行宗教仪式，他们就会集体或私下吸食大麻，且在其他时机与场合也会。上诉人提供之证据显示，他在自宅及其他场所定期性地使用大麻。唯一能够区别他与其他被禁止的大麻吸食有何不同的，只有他吸食是为了宗教目的。

然而，并没有任何客观方式能够让执法者分辨人们“吸食”大麻是为了宗教目的还是休闲目的。更难以客观订出标准的是要执法者去分辨人们“持有”大麻是为了以上哪一种目的，这几乎是不可能的。要求执法者判断大麻持有者所言“宗教使用”是真是假，也是不可能的。事实上，由于缺乏一个严格控管的合法大麻供应链，我们根本无法区别少数拉斯特法里教派信众为了宗教目的而合法取得的大麻，以及整个外在环境中非法交易的大麻。合法的孤岛处于非法的汪洋之中，恐终将被淹没。

宗教性的使用大麻不能和医疗性的使用相提并论。仅靠拉斯特法里教派信众所谓的自律，难以保证他们不会向其他的药物吸食者一样上瘾。此外，就本案而言，若是政府另外颁发执照，特许“真拉斯特法里信众”以宗教的名义取得大麻，那么这样反而违反了宗教自由的本意。宗教自由的本质是人人有权选择宗教，而不需政府任何形式的许可……许可制无法解决执法的问题……要确保持有大麻的人只在合法范围内使用它们，完全只能靠他们自己的自制，国家非常难以监控。当然，也是有许多人更激进地认为，准许拉斯特法里教派信众持有大麻是没有意义的，除非准许他们自行种植……

我国政府为了公众的整体利益并履行国际义务而禁止大麻，若是为了拉斯特法里教派而特别允许例外，不可能不危害政府的执法能力。因此，依照我国宪法，不针对拉斯特法里教派设例外条款是合理且合宪的。

容许特殊的例外一定会影响到国家的执法能力，然而，若是大麻的使用被限制在特殊的例外之内，那又无法达到拉斯特法里教派的要求。

萨克斯大法官：

不宽容可能以各种形式展现。而其中最惊人、最具毁灭性的形式之一便是以权力将他人的信仰或习俗视为异端邪说，并加以摧毁。另一方面，稍微仁慈一点的不宽容则反映在故步自封、不能接纳异己的主流文化之上。

现在，大多数的大法官都认为，国家若是针对拉斯特法里教派而允许特例，那么在反毒工作上的执法能力就一定会被伤害到。如此一来，他们其实是等于要求其信众在信仰与守法之间只能选择一个，而我认为这种要求是不必要的。出现在通则之中的例外总是会迫使国家承担额外的成本，然而，执行上的不便以及主流价值的调整，本来就是宪政主义要求政府必须承担的。在我看来，本案判决不认同放宽限制，并对该措施的冲击考虑不周，此判决的后果不仅限制了上诉人与其他信众的基本权利，也伤害了我国宪法所要求的对所有多元文化的包容与尊重。

大法官在衡量本案中各相关利益的轻重时，不应只用纯然的逻辑与抽象的理性来思考，这好比天平的两边不会是无重量的，其轴承也必会受摩擦力的干扰。真正的轻重权衡必须在活生生的历史、社会与认知脉络当中进行。就算为了完成判决，法官不得不进行抽象的概念式思考并使自己与现实保持距离，然而，法院的运作是在现实脉络之中，而且必须考虑其判决在现实之中对人们的影响。此外，宪法法院本身即为现实的一部分，其运作必须同时既抽离现实又结合现实。我相信在本案中，历史、想象、价值观扮演了特别重要的角色，尤其是当我们考虑到天平上牵涉的诸多因素时。

为了取得平衡，某些法律（或某部分的法律）必须比其他法律更强调平等。因此，国家在全面禁止海洛因上所遭遇的实际困难可能和禁止“达加”所遭遇的困难并无二致。然而在比例原则的检验上，禁止海洛因对于执法造成的影响可能被放大了。在少数拉斯特法里教派信徒为了仪式而服用本土“达加”这件事上放松一点管制，对查缉海洛因、可卡因、非法镇静剂（mandrax）的大规模走私进口等真正要紧的工作不会有太大的影响。的确，假若给予拉斯特法里教派信徒于宗教仪式中使用“达加”的特别权利，而不是追缉逮捕他们，对于“反毒战争”可能是较有利的，这些资源可以挪用于禁止更加有害的药物。

我们需要的是在所有考虑因素中，取得最大的平衡。众多考虑因素包括：一个具有普遍性但可因个案做细微调整的方式；以国际经验为依归但兼顾南非实际情势；以公正贯穿其中，并完成我国宪法彰显的终极价值。为了达到这种平衡，宪法法院很可能会经常面对复杂的权力分立问题，它得决定什么应该属于宪法划分给立法权与行政权的裁量空间，什么又是属于该由司法权来决断的。

若我们把拉斯特法里教派和其他主要宗教信仰相比，便知它并非大到国会议员不敢忽视其利益的宗教团体。因此，在种族主义者禁止一般非洲人持有酒类的年代，基督教会却有办法在非洲人的聚会上提供圣餐酒（这正如同在美国最严格禁酒的年代，圣餐酒被视为例外特准）。相反的，想要私酿酒作为传统宗教祈祷仪式之用的非洲人都遭到取缔。差异之处不在于使用性质，而是所牵涉的宗教的政治社会地位。虽然俗语说“亲昵生狎侮”，但在牵涉到宗教自由的问题时，我们必须承认狎侮都来自陌生。

我们很难想象，在今日南非，立法当局通过或维持任何压迫基督教、伊斯兰教、印度教、犹太教等主要信仰的法律。这些都是枝繁叶茂、基业稳固的宗教，他们有强大的能力去游说立法，且其影响力足以影响选举结果。他们自然没有需要向法院请求宪法保护。

没有任何抽象性的宪法分析可以解决信仰和公众利益之间孰轻孰重的平衡难题。然而信仰与公众利益的最大交集在于宽容，它不只是宪法推崇的美德，更是对多元与开放的尊重。因此，宗教宽容不只应该保障人们免于在信仰与守法之间做出痛苦的抉择，更对所有人都有深刻意义，因为宗教和信仰是重要的，因为生活在一个开放的社会是重要的。

综上所述，本案的关键因素并非宪法法院同意或不同意拉斯特法里教派信徒使用“达加”，并非我们有没有信仰，也不是我们是不是某个特殊宗教的信徒。事实上，在本案中，真正发出响彻云霄、金声玉振之呼声的是宗教宽容，而就算我们的道德良知让我们对“达加”的使用打从心底厌恶，就算我们尊重信仰但却不归属于任何特殊教派，都应该支持这个原则，更别说本来就是同情拉斯特法里教派的人。如果我们认为对差异的合理包容不仅是法律用来解决纷争的一个技巧，更是整个宪政事业中的核心问题，那我们都应该对这个呼声有所回响。

如果我们只是接纳那些我们已经熟悉或没有争议性的事物，那称不上是人权法案所憧憬的宽容，真正的考验在于是否能够留一个合理的空间给那些“陌生、古怪甚至是可怖”的事物。

[判例二]

沃克斯案——结婚证书之外的付出……

争议焦点在于未婚同居伴侣在婚姻关系的认定上是否被不公平地歧视，因为他们被排除在《遗属扶养法》的适用范围之外。宪法法院的多数大法官认为本案并无歧视，但两位女性法官提出不同意见书，我也提出不同意见书。下面的摘录可以看出由西拜尔·斯奎伊亚 (Thembile Skweyiya) 大法官主笔的多数判决和我的判决之不同。

斯奎伊亚大法官：

婚姻和家庭是我们社会的重要机制。婚姻有其核心且独特的地位，同时也是家庭生活的重要基石。

当我们考虑到婚姻背后伴随的独特权利与义务时，便不能说以有没有结婚做区别是不公平的。夫妻需要对彼此负担相互扶持的责任，未婚同居伴侣却没有这样的法定约束。按《遗属扶养法》规定，扶养费的利益是伴随着婚姻所界定的扶养义务而来。该法适用于被继承人未死亡时，在法律上负有扶养义务的对象身上。

婚姻不只是一张结婚证书。决定结婚的双方清楚地知道从结婚的那一刻起，按法律规定双方就负有一定的法律义务，不需要另外鉴定协议。这些义务有的可以持续到婚姻关系结束之后，甚至是婚姻一方死亡仍有效。相反的，同居伴侣之间若是有义务产生，也只是因为彼此之间有了协议，该协议之外则并无其他义务。若法律并不要求死者在生前负担特定义务，死者自己在生前也没有明白表示愿意承担此种义务，那在他或她过世后，宪法也不应该将这种义务加诸死者的遗产之上。

我的结论是，区别婚姻遗属和异性同居遗属并没有不公平。从有关在世配偶请求遗产酌予扶养金的规定来看，若死者生前依法无此义务，不许同居伴侣请求遗产酌予扶养金也是完全没有问题的。若是强加，不仅不合逻辑、不公平，而且不理性且法理上站不住脚。

我对于想要结婚但未能结婚，结果只能成为权利不受保障的作为同居人的脆弱女性有极为诚挚的关怀。然而，我亦不认为将《遗属扶养法》扩大适用能对她们有实质帮助，而且不这么做也不意味着对她们存在歧视。解决歧视问题的真正答案应该是趁同居生活的双方都还在世的时候，透过法律规定改善生活境况不佳女性的处境。一旦法律依此修正，那我们解读《遗属扶养法》第二条第一款[1]的法律脉络将会产生极大的变化。

萨克斯大法官：

当一个女人曾和一个男人共组一个家庭、共同生活、与他携手生育教育子女、关心他的健康，并在他死后用她的余生继续撑起这个家，却只因为他们两人从未结婚，应该在遗产关系上被视为陌生人且没有任何权利要求补助吗？婚姻应该被视为判断一个人是否有

[1] 该条文大意为，如果婚姻关系中的一方去世，另一方又无法自己养活自己，就可以基于扶养需要主张对死者财产的权利，直到他或她再婚或死亡为止。

权利作为往生者的法定继承人或受遗赠人的唯一标准吗?

把非婚姻关系中的遗属排除在遗产继承人之外是否公平?我们在思考这个问题时不应局限于较狭隘的婚姻法条文,而应该参考更宏观、更注重具体细节的家庭法,该法的原则已经在新宪法时代中有了长足的进步。

家庭法的主要目的是在亲密的家庭关系中促进稳定、责任与平等。《遗属扶养法》的目的是为了让孤苦的遗孀有继承遗产的法律依据。其主要的元素为家庭关系、亲密的感情和实质需要。若我们将这三个元素列入考虑,只因为她没有结婚证书而被剥夺该权利,不仅不近人情,更是于法不公。

……为自己的家人尽心尽力可以说是我们一生中最大的喜悦,因此理当不需额外补偿,然而,这样的牺牲虽然不能说是不公平,却应该有更公平的处置。

宪法的目的是将无法改变的不幸转换为可以被补偿的不正义。若是我们认为一个女人因为能任劳任怨地对家庭与死前的丈夫牺牲奉献,所以也应该能够克服丈夫去世后的种种困难,那真是对家庭法的一个极为荒唐的误解。《遗属扶养法》的规范无异于要求她若非选择正式结婚,就得离开这个男人,这是对一个弱势、经济上不独立又顿失所依的人的歧视。这种陈义过高的道德要求不仅不合情理,在宪法看来也是不公平的。

当然,这个问题必须从多方面思考。我们社会的确有需求将婚姻塑造成提供亲密家庭关系的安稳、安全、安定的制度。然而,任何想要改变这种不对称负担的措施,无论是家庭法还是社会福利法,都有可能被批评为破坏自主的精神。然而,若说干预过度的家长制将压抑并妨碍我们实现社会平等,“司法创造出来的挚爱”

（judicial tough love）就更可能无视人民必须在生活中亲自面临的重大问题。如果知道法律会介入并提供基本正义，那么这些人将不会感到如此无助而不得不向命运低头。这也就是为什么法院要介入基本权利的保障。如此一来，司法就提升了而非贬损了人性尊严和自我价值。

许多新近丧偶、年迈、贫困的妇女发现她们除了衣服和厨具之外，并没有任何的资产或存款，找到工作的机会也不高，只有政府发放的老人年金能让她们免于三餐不继。我们应该在这个现实脉络之下去解读《遗属扶养法》的法律意旨。

她们的选择实在不多，若不想继续与一个没意愿或没能力娶她们的男人同居，就只能选择过着孤苦困顿、甚或出卖自己肉体的生活。任何人若是在“公平性”与“将她们要求扶养的权利排除在外”之间，选择了后者，必须要想清楚其后果。

综上所述，持续将所有“家庭伴侣”（domestic partner）排除在《遗属扶养法》的范围之外，而无视于他们在另一半死后对家庭的付出与奉献，是无法言之成理的。因此，该法若仍然拒绝让终身相依相偎却没有结婚的伴侣继承另一半的财产，该法就是无效的。

[判例三]

罗斯登堡白金矿案
——宪法精神不只是用来点缀法条的饰品

大法官们在审理一桩解雇案件是否公平时，对应该根据什么原则来判断仲裁人依据劳工法做出的决定发生了争议。在宪法法院进行言词辩论时，讨论的焦点集中在究竟是要采用相对狭隘的劳工法，还是较宽广的行政法，来作为审理的依据。我的判决指出，我们需要兼容并蓄的思考，而且无论是采用劳工法或行政法，结果应该是相同的，因为真正的关键在于民主开放社会的核心价值。这个价值与文本不应该切割。

萨克斯大法官：

宪法价值的效力乃是明确而无远弗届的，而且明白清晰地彰显在我国的宪政体制当中。它寓含于新民主秩序下的各个架构和设计之中。宪法的文字和精神不可分割：价值不是用来点缀某法条的华而不实的饰品，每项单一条文也不是独立于其他条文之外，只有在被引用时才发挥效用的。法律条文不是空洞、中性、彼此毫无关联的，而使之融会贯通的正是宪法价值。条文和价值相辅相成，以缺一不可的方式提供宪法所承诺的保护。

在一个以价值为本，且具有完备、有活力、能进步的规范性结构的宪政民主体制当中，我们需要一个整合了背景事实、多元利益与价值观念的架构来处理人民对宪法所涵盖的正义的吁求。

第九章

当神圣与世俗相遇：同性恋婚姻的双重挑战

> 判决书不能暗示某一方是性喜标新立异、惹是生非的煽动者，或暗示另一方是食古不化的老顽固。你若一旦开始以“好人”、“坏人”来区分这些宪法服务的对象，那我想你就已经脱离宪法的初衷了。

楔子：同志大游行

那是1991年11月的某日，那时我还不是法官，而且，我正流着满身汗。毕竟这是经过二十四年的流放之后，我又再度开车驶往开普敦市区，我的背都湿了。11月的开普敦正值酷暑，而这也几乎是我在莫桑比克差点被南非的国安机关放置汽车炸弹给暗杀之后，首度自己开车。只用一只手握着方向盘让我既紧张又害怕。我冒冷汗的原因之一是对路感到陌生，太多新辟的单行道了，我们被吩咐在“老地方见”，哇！我虽然身为自由斗士，但我根本不知道“老地方”在哪儿。但是，让我冒汗的最主要原因是：我即将参加我生命中第一次的“同志之光”大游行。

我迟到了，我可以想象主办者会说：“好吧，奥比又放我们鸽子了！”前一年，他们曾经在约翰内斯堡办过游行，因为我一向反对人们对性倾向的歧视，这种广为人知的立场，使我受邀参加这次游行。但是到了游行当天，我只能向主办单位说抱歉，因为我要去参加一场异性恋婚礼，所幸这对新人都是名人，所以主办单位应该不至于认为我在找借口吧……但是同样的事情如果又发生第二次的话，他们会怎么想呢？

猛然，我在市中心看到游行队伍冲我而来，我不知道车子该停哪儿，所以我钻进圣乔治大教堂（St George's Cathedral）的停车场，大主教应该会赦免我这唯一一次的违规停车吧？我看着游行队伍，最前头的海报写着："吸就好，可别吞下去"，我想说："惨了，明天我大概就会上报了吧！"为什么我不能拿着像是"我是异性恋，我挺同性恋"这样的牌子就好呢？为什么游行队伍没有分出一区给像我这样的支持者呢？但是这个念头一闪而过，随之而来的是我对自己的尴尬感到的羞愧，我想我在汽车炸弹攻击之后仍旧不够勇敢，所以我笨拙地迈开大步，跟上游行队伍。我看到我在法学研讨会上认识的爱德温·卡梅隆[1]教授，所以我走到他旁边。这时，一股美妙的感觉朝着我排山倒海席卷而来，我跨越了藩篱，而且感到自豪，我在游行队伍中感到如此自在，完全地融入了他们之中。

我们又走了大约二十分钟，直到游行的终点——绿意盎然的"瓦尔公园"（Waal Park），这儿曾经是我童年时的游乐场。游行者即席召开了一场会议，人不多，大约两百个吧，我有点儿焦虑，因为那天稍晚我还要赶去参加另一场会议，他们要我当会议前段的讲

[1] 爱德温·卡梅隆（Edwin Cameron），现任南非大法官，同时也是知名法律学者、人权律师。此外，他不但公开自己的同性恋身份，更是第一个勇敢承认自己是艾滋病毒携带者的南非高官。1998年，南非妇女古古·德拉米尼（Gugu Dlamini）因在电台公开自己是艾滋病毒携带者，被人用乱石和尖刀刺杀。这件事带给卡梅隆很大的刺激与鼓舞。三个月后，在知道自己携带病毒十二年后，卡梅隆终于公告世人他也是一个艾滋病患者。在受访时他表示："如果古古都能说出来，我为什么不能？"

者。我的脑中首先浮现童年时在此公园的欢乐时光，接着，脑海中的画面也出现当时这公园里“仅限白人”的牌子。这些都还是可见的标示，但是还有暗藏的“仅限异性恋”的不成文规定。异性恋情侣可以牵手、拥抱、在公园里自在地表现他们之间的爱意，但是同性恋情侣都知道，如果他们这么做，只会引来警察盘查。我与现场群众分享这段回忆，我说，男同性恋、女同性恋的平等对于一个长期无法享受充分民权的社会而言，是很重要的，而且它的意义绝不只如此，这对整个国家都是重要的，因为我们就是一个多元族群融合而成的国家。差异性就是南非的基本特色，我们如何处理彼此之间的差异性，将决定这个国家是否能繁荣壮大。所以，这场游行引发我们思考几个问题，在摆脱了对某些族群造成伤害的种族隔离政策之后，这是我们下一个重要的课题。新民主宪法应该致力于促成一个开放社会，而这也正是开放社会的核心。说完，我赶紧开车赶往下一个行程。

非洲基督徒法律人协会

游行拉开的序幕在 2005 年出现后续。我们这些宪法法院的大法官召开了会议，首席大法官皮斯 · 蓝加说他收到“非洲基督徒法律人协会”的信，他们将在约翰内斯堡召开会议，所以邀请皮斯参加开幕仪式。但那是法院休庭期间，而皮斯已经计划前往斐济协助该国处理宪政危机，他问有没有人可以代他出席？同事们面面相觑，没有志愿者。最后，我试探性地举起手说：“皮斯，我那时候会在这里，我可以去，但我想我并不是参加这个会议最适当的人选。”他摇摇头说：“不！你‘**正是**’最佳人选。”皮斯是牧师的孩子、是基督徒，是法律人，同时更是非洲裔，不过我猜他并不想以这种“政治正确”的身份出席。我最后同意代表宪法法院和首席大法官出席该会议，欢迎由非洲各地前来与会的法律同业。

几周之后我开车前往会场，这回我没有流汗，因为当时并不是盛暑，但是我感到紧绷和紧张，一路想着我待会儿的开幕致词。当我看到满屋子来自非洲各地的绅士淑女穿着非洲各地的传统服饰时，我没那么紧张了，多元社会的展现总是能温暖我的心。不过我还是有点儿不自在，因为我不想只是发表个客套的开幕欢迎词，聚在这里的人都是社会的良心，我应该代表健全、活跃、以捍卫我国新宪法为宗旨的宪法法院，传达给他们一个“真正”的欢迎词，毕竟我们这部代价不菲、意义深远的新宪法是在突破重重困难之后才写成的。当然我的致词也应该把我们这份工作的精神和本质，跟与会者的信仰联结在一起。我环顾四周，我知道该怎么开场了。

我想告诉听众，1994 年在曼德拉的监誓之下，我宣誓成为宪法法院大法官时内心的天人交战。所以，轮到我走上台时，我说明在宣誓成为大法官时，首先要无惧、无私地高举宪法，并承诺成为全民的大法官，之后有两种方式可以确认宣誓：一是说“我确认”就好，或是你也可以高举右手说：“愿主帮助我。”在这两种方式之间选择，对我而言是个道德上的难题，我出身于一个非常、非常“不宗教”的家庭。我的父母曾经和他们的父母就宗教问题起争执。他们要么相信一套根深蒂固的教条，要么相信一套修正过后的意识形态与规范原则，彼此互不妥协。后续的影响给我的童年留下了不好的回忆，在我就读的学校中，信仰基督教和犹太教的学生各半，而我（一个犹太人）是唯一一个信仰不太虔诚、不太奉行敬拜的犹太人。我当时觉得，如果我只是为了不要被孤立而假装信教，那是对我自己的不尊重、对我的良知的不尊重，而且最重要的——假如神存在的话——也是对神的不尊重。

结果是，在我的童年阶段，我其实是靠着对信仰的疑问和信仰的中心——即建构“你是谁”这个问题来塑造自己的良知的。事实上，在我的心智成长期，那时候南非的种族不平等对我而言不太算一个难解的问题，我的母亲为一位非洲领袖摩西·考塔尼[1]打字，年幼的我就觉得不平等是邪恶的。但是探索自我内在对神的感觉，以及拒绝假装是信徒，对我而言却很艰难。这样的成长环境种下我一生都尊重所有信仰的种子。虽然被问到这个问题时，我自称为无信仰者，但其实我有一套很强烈的信仰。我自己的世界观从许多面向来说，都有很强烈的精神性，而且有一套完整的伦理意涵。这些信仰影响我生活的各个层面，影响我的婚姻对象，影响我住在哪里，最终甚至影响我的生理外观，但它们并不是出于对宗教的信仰，也不以任何有组织的宗教形态显现。

我告诉观众，因为我持续不断地在思索与良知有关的问题，我得以在1990年代的宪政协商时，为许多人认为难以处理的问题提出解答，即宪法概论中的遣词用字。许多参与协商的人认为宪法概论必须以下列这些字开头：“谦卑地献给全能的上帝”。有百分之七十的南非人自认为算是虔诚的基督徒，而南非也有百分之五强的伊斯兰教徒或印度教徒，与为数众多的犹太教徒和其他信仰的人民。对后者而言，这份最应慎重的公领域文件，如果没有纳入他们的信仰，价值将大打折扣。但如果少了这些字，对这个国家的大多数人口来说，这份文件就无法引发他们内心的共鸣。另一方面，对

[1] 摩西·考塔尼（Moses Kotane），曾为南非共产党总书记。

那些自幼没有宗教信仰，或是宗教信仰不那么明确的人而言，如果这份理应最世俗、最以人为本、最凭人力诞生的文件，结果却是以这种宗教性的语句开头，应该会让人感到十分不快。我马上就想到一个解决方案，我说："在开会之前，我们（当时我在非洲人国民大会的宪法委员会）唱了赞美诗——Nkosi Sikelel' iAfrika[1]，我们将这首歌当成被压迫人民的圣歌、歌颂国家的希望之歌。不论是黑人或白人、有信仰者或无信仰者，我们一起唱了这首歌，它是我们的未来之歌。就在宪法中以南非的十一种官方语言加入这些话吧——'Nkosi Sikelel' iAfrika, God Seën Suid-Afrika, God Bless Africa'。"我的提议被接受了，这些话成为团结我们这个分裂国家的黏着剂，而不像信仰，可能会分化我们的人民。现在，你会听到我们的橄榄球代表队——不分白人或黑人的队员——一起唱国歌，而且正确的唱出"Nkosi Sikelel' iAfrika"。有宗教信仰的人觉得国歌更肯定了他们信仰的重要性，而没有宗教信仰的人，基于我们的历史、基于我们国家的融合元素，也接受了这首歌作为南非的国歌。

我和所有"非洲基督徒法律人协会"的与会代表分享这段往事，然后回到神圣的大法官宣誓。宣誓顺序按照姓氏的字母顺序排列，我刚好排在最后。前面已经用了官方语言中的五种。而我当时在思索的难题是：轮到我宣誓的时候，我该怎么做？如果照着我儿时发展的道德良知，如果要忠于我的成长背景、我的信仰，我应该说"我确认"就好。然而在这个最特别的场合，我想我有必要举起我的右边断臂，为了那些未能活着看到自由降临的朋友，我必须举起这段残肢：他们是露思·法斯特、乔·加比（Joe Gqabi）、路

[1] 意思为"天佑非洲"。

克司马特·所望德（Looksmart Solwande）、伊利亚·罗萨（Elija Loza），他们都因暗杀或酷刑折磨而英年早逝。这段不完整的手臂是我全身最肃穆的部位，举起它代表我的宣誓（“adjuration”——如果容我使用这个法律术语）具有最深刻的意义和内涵——我将以无惧无私的态度守护宪法。所以，我举起右手说：“愿主帮助我。”所有“非洲基督徒法律人协会”的来宾听到这里，都起立为我鼓掌欢呼。后面几位致词者不断引述我的故事。这让我困惑了，我才刚对最虔诚的信徒说我不信教，怎么他们对我致上如此敬意呢？

隔天早上，大约有七十五位前一天的与会者来参观宪法法院，我花了两个小时为他们导览我办公的这栋美丽建筑。我很乐意当他们的导游，这群人和我同样来自非洲，都是法律人，可惜我必须赶往下个会议了。（我似乎总是在会议之间赶场，我一度以为真正的“自由”就是不必再开会的自由，难道是我理解错误了吗？）我已经迟到了。下一场集会在附近的旧女子监狱，现在它是历史景点，同时也是“性别平等委员会”（Commission for Gender Equality）的办公室。但当我和他们道别时，他们包围住我说：“拜托，您还不能离开，我们要为您祷告。”祷告分短、中、长三种，长的祷告不只为我祈福，内容也包括许多这些教徒对世界的信仰。我被这漫长的祷告词感动了，因为这就是我身边这群人的价值体系真诚交流之后的成果。他们发自内心地祝福我一切顺利。当祷告结束，我要赶场时又被拦住了，他们说：“您不能走，我们必须为您行按手礼。”[1] 和超过七十五个人行按手礼要花点时间，好不容易全部的人都进行完了，我终于可以赶往旧女子监狱。

[1] 基督教的仪式之一，将某人的双手置于另一人的头上。

我举这个故事为例是因为在宪法法院处理过的众多案子中，同性恋婚姻最能驱使我积极思索生命和法律之间的奇妙关联。我们有文本、有宪法，我们担负着明确的责任，必须守护宪法。然而要把宪法套到个案上，有许多不同的方式。我所思索的是，要如何把两种貌似对立的不同经验（它们代表了两种极端、冲突的来源的力量），在我所撰写的判决书中，各自都能发声。

“标新立异”与“食古不化”的战争?

首席大法官曾要我草拟宪法法院的首份判决书。就我记忆所及，在草拟判决书时，我从来不曾刻意提起过上述任何一次经历。然而经历就是经历，经历会变成你的一部分，它会塑造你的回答和反应、你的直觉、你在不同却各自有理的法律论证之间的选择，而这最终会造成不同的结果。在我意识的深处，我亟欲找到对两个族群都有建设性的解答：男同性恋、女同性恋社群渴望自由、不受束缚、挣脱枷锁、享受完全的人权；而虔诚的信仰者（这是族群中的一个大团体）则认为承认同性恋婚姻是受到诅咒的，是会导致天下大乱、贻害人间的。判决书必须试着与两方公平地对话。判决书不能暗示某一方是性喜标新立异、惹是生非的煽动者，或暗示另一方是食古不化的老顽固（双方的辩护人有时会用这些字眼描述对方、模糊焦点）。你若一旦开始以“好人”、“坏人”来区分这些宪法服务的对象，那我想你就已经脱离宪法的初衷了。终极目标是为了要发现每个人身上的人性、正直、诚实，也是为了在你回复之后，能让每个人都说：“我了解判决的内容。我对于结果感到强烈的质疑。但是判决的确在乎了我的想法、我的立场，也把我的信念列入考虑，尊重我的良知和尊严；我没有被一个号称从头到尾完全中立的过程强迫接受一个答案。我的信念、价值观、看法，都被严肃地、确实地、认真地看待。”

在我早期写过的判决书中，曾经处理过某些宗教团体的案件。他们主张，因为特殊的教义，他们应该不受某些政府法律的一般条款的限制。在美国、英国和南非做研究时，我曾在学者们的论文中感受到强烈的愤怒，他们之中有许多人既是虔诚的教徒，也是激进的社会改革者。伤他们最深的，是他们觉察到在主流的法学作品中，一切不能被合理性（rationality）与公共理性（public reason）解释的，就不能被思想进步的精英接受，也就不能被纳入公领域之中。但另一方面，宗教则被隔离到一个小角落，不管人们究竟相信什么，都可以自由自在地追寻他们以为是宗教的东西。他们认为这是把宗教从公领域中驱逐出去，因而表示反对。所以本案对我而言，最难的部分不是技术性的，而是要严肃面对宗教是公共生活的一部分，而且要让男同性恋、女同性恋社群和宗教团体，都认为判决是衡平、符合原则，并且确实合理的。每个人都应该感到自己的主张和信念确实被审慎地放入宪法中考虑了。这是他们的权利。

芙莉女士和蒙思女士

玛丽·芙莉（Marie Fourie）和塞西莉亚·蒙思（Cecelia Bonthuys）告诉宪法法院一个简单的故事。她们相遇、互相吸引、开始约会，现在已经同居十年了。双方的朋友都把她们当情侣，而她们也决定结婚。婚姻官（Marriage Officer）说他个人很愿意祝福她们的婚姻，但有个难以克服的问题：誓言。她们必须要宣读的誓言文字是这样的：

“你，某甲，愿意让某乙成为你的合法丈夫（妻子）吗？”婚姻官认为“丈夫”、“妻子”这两个名词让他无法办理这桩婚姻。这对情侣告上高等法院，碰上了一位算是有同理心的法官。法官同意宪法禁止种种歧视，其中当然也包括对性倾向的歧视，这就跟对身体残障、种族、肤色、教义、国籍、出生、婚姻状况的歧视如出一辙。宪法条文都在那儿。但只要法规没有删修，他就无法命令婚姻官让芙莉女士和蒙思女士合法结婚。所以两位又上诉到最高上诉法院。最高上诉法院的一个判决让她们获得了小小的胜利。这是由爱德温·卡梅隆法官——也就是我在开普敦游行时碰到的法官——所写的。他的判决书指出，法规造成了同性恋婚姻的障碍，不过法规允许由教会官员担任婚姻官，并根据他们自己宗教的信条为人证婚；而且的确也有些同性恋教会。即使教会的神职人员尚未被家庭事务部部长（Minister for Home Affairs）任命为婚姻官，但在可预见的未来，他们将被赋予这项权力。影响所及，便是开启了未来庆祝同性恋婚姻合法化的小窗。

与此同时，“同性恋计划”（Gay and Lesbian Project）有一个挑战法规合宪性（该法规拒绝承认同性恋婚姻的权利）的案子正在约翰内斯堡高等法院审理。高等法院法官决定暂缓庭期，直到宪法法院对（前述）芙莉案的上诉做出判决，所以该案的文件也送到宪法法院来。我们决定将两案一同审理。

法庭挤得水泄不通，有许多来自国际媒体的记者，也有同性恋婚姻的支持者和反对者。有时候双方律师显得情绪化，但大多时间双方都很克制。芙莉女士及“同性恋计划”的律师主张普通法和《婚姻法》（Marriage Act）歧视同性恋配偶，宪法法院应该发展判例，形成普通法，并在法规中使用“配偶”（spouse）这个中性的词汇，让同性恋配偶也能合法结婚。代表政府的律师则辩称：法规或许有“空白”（缺漏），但即使普通法和《婚姻法》条文确实存在歧视，也必须寻求民意，且补救方式应该是经由国会，而非宪法法院。代表天主教教会和“生命医师协会”（Doctors for Life）上诉的“法院之友”（*Amici curiae*）则强烈主张婚姻是为了确保人类的繁衍，这点应该受到保障，这是自古以来的宗教组织的立场。

我们有十一位大法官审理此案，我认为我并不适合公开我们内部的辩论。不论对于任何法院，保密与合作都是正常运作的必要条件。我也不能为我们最终的决定辩护，甚至描绘我们经历的脑力激荡。判决书无疑是具有公共意义的公开文件。法官不语，所有的一切都在判决书中。我所能说的是，最终的判决花了几个月的时间。通常，宪法法院在处理这种复杂问题时，可能花上三到五倍的时间来研讨，以确保所有大法官的看法都列入考虑。这么做的目的是要尽可能地达成原则性的共识。我可以提供一些指标，以便大家更容易了解主要争点。读者可以在本章的最后读到判决书的原文，并自己判断我前面提到的我对于两种不同社群的互动经验，是否可以在判决书中找到响应。

阅读判决书时你将会发现，我们并没有引用美国佛蒙特州、马萨诸塞州、加拿大、英国等地的法院关于同性恋婚姻的判决。这个争议在全球各国蔓延，对立双方在各地法庭的论调也都大同小异。阅读这些数据的帮助很大，不过最后，既然我们的宪法条文各不相同，这些参考案例中的复杂论点并不是我们做决定时的焦点。对我们做成本案判决最有帮助的是丰富的南非法律资料（其中讨论了宪法中禁止性倾向歧视的平等意义），以及有关南非社会中家庭之组成方式有多么多元的相关数据。

性倾向

在南非，构成歧视罪是相对简单的事情。宪法中明确禁止对性倾向的歧视。宪法法院曾经处理过五个此类歧视案子。第一个案例中，我们取消了鸡奸罪（crime of sodomy）。第二个案例是家庭事务部案（*Home Affairs* case），处理的是移民法中，外国人同性恋伴侣在南非的权利问题，这些外籍同性恋伴侣的权利等同于外籍配偶（妻子和丈夫）所享有的权利吗？外籍夫妻在南非享有两项好处：工作不需特别许可，可以入境南非并申请成为南非居民。宪法法院判定，《移民法》（Immigration Act）未提供这些福利给外籍同性恋伴侣，已经构成歧视。然而，没有必要对该法准许异性恋者结婚的规定进行修法，该法违宪并非是因为已规定的内容，而是因为有所遗漏，用法律术语来说，就是“涵盖不足”（under-inclusive）。所以为了达到平等，宪法法院破天荒地在当时就拟定补充条款。我们在法规原文的“配偶”（spouse）后面加上“或同性的生活伴侣”（life partner in same-sex relationship）。同时也在判决书中定义这些词汇，并交由家庭事务部决定如何具体执行。

在日后的案子中，我们认同凯西·萨奇韦尔（Kathy Satchwell）法官的主张，她认为她的女同性恋伴侣应该和婚姻关系中的配偶一样，可以领取抚恤金。在下一个案子里，一位法官的女同性恋伴侣收养了一对双胞胎，并寻求她对子女的平等亲权，我们的判决认为《收养法》（Adoption Act）阻止同性恋取得这种平等地位，是违宪的——这个规定不仅对该位女士构成歧视，也违背了对小孩的最大利益。下一个类似的判决是关于对试管婴儿的亲权。

我所写的判决书引用了这几个案子。我也花了不少篇幅强调南非家庭组成的多样性，在过去有很长一段时间，南非只承认基督教式的婚姻（在当时当然是指异性恋婚姻）。所以伊斯兰教的婚姻并没有法律地位，因为他们可能实行一夫多妻制，结果便是，同一个男人的英国籍妻子具有法律地位，但印度籍妻子却没有。当甘地对抗这些制度、当人们自愿入监以示抗议时，他正是在说我们的母亲和我们的姊妹，正如他所说的，女性只能用虔诚的信仰当做武器，她们可能做出比男性更大的牺牲——入监只因为她们是妾，而且她们的小孩没有法律地位。而非洲传统习俗下的婚姻——这是南非最常见的婚姻——则几乎完全没有地位。所以，不同的婚姻形态，人们共同生活、表达亲昵和缔结人际网络的多样性，在这份判决书中都有所着墨。

歧视的起源

即使我们承认我们先前的判例和历史显示过去的确存在着对同性恋配偶的歧视，接下来还有两个问题：究竟歧视从何而来？宪法法院可以直接提供补救、还是应该交给国会呢？为响应这个问题，可以有两个考虑。主要考虑是，宪法法院不能以剧烈的手段侵入大众文化，创造同性恋婚姻对于人们在过去几世纪以来习以为常的风俗和法律来说变化太大了。这理当属于国会的立法权。宪法法院的职权极限绝对只有宣布法律有疏失，并交由国会修法补正。次要考虑是，即使同性恋配偶之间的财产、继承、租赁、抚恤金等关系应受法律规范，这并不意味着新的法定关系应该比照婚姻关系。直接用“婚姻”（marriage）这个词，必须面对来自生物学、历史、宗教和法律的许多疑虑。

这份判决书的结构环绕着相关案件中出现过的歧视。判决书指出：对于同性恋配偶，法律并没有给予他/她们与异性恋配偶相同的身份、权利和义务，因此造成了不公平。身份的问题是一大重点。婚姻包含有形的和无形的东西。结婚会有婚礼，会有周年纪念，和社会上种种与婚姻有关的习俗。有人主张承认同性恋伴侣之间的爱、亲密关系，以及社会大众对同性恋伴侣的认同，将会贬低婚姻的意义。但这样的说法会深深刺伤同性恋伴侣的尊严。

判决书的一个脚注指出：其实有些激进、想法跳跃的论者认为："我们不想复制异性恋之间的婚姻关系，这种关系太压抑了，而且也太注重财产关系了，那不是我们想要的。"但是一旦这场战争开始，大量来自男同性恋、女同性恋的声音还是极力争取可以结婚的权利。因为婚姻强烈的象征意义，同性恋伴侣选择是否走入婚姻的权利就成了一个试金石，同性恋婚姻将代表他/她们取得完全的法律地位，也具备了与众人举办喜宴同庆的机会（当然，他/她们也因而将要面对不幸的离婚）。

一旦确立了歧视的性质，接下来必须要处理的就是如何补救法条疏失。应该由宪法法院直接补救吗？还是应该让国会来负责呢？

我的同事凯特·欧瑞冈大法官——恰巧她曾就读女子教会学校——认为该法明显违反基本人权。因此她认为宪法法院必须要革新普通法，普通法当时仍依循英国法的海德告海德案（*Hyde v Hyde*）中的定义，亦即，婚姻是一男一女共同生活的结合。在她看来，宪法法院应该修正前述定义，让新定义和我国的宪法接轨。新条文应该是："婚姻是两个人共同生活的结合"。她还认为：我们应该依循我们在家庭事务部案中的立场，将《婚姻法》的誓词改为中性字句（"你，某甲，愿意让某乙成为你的合法丈夫、妻子，或配偶

（or spouse）吗？”）。若是国会对这样的法条文字不满意，国会议员应该将法条修正为国会认可的字句，只要国会表示出对宪法法院在宪法议题上的尊重就行了。她提议的补救方式非常简单，当下就可以完成，而且也有不少前例。她认为，宪法法院可以直接赋予同性恋婚姻的权利，不必等国会介入。

不过，有十位大法官认为国会在此议题上应该直接参与。国会和宪法法院同样有着守护宪法的责任，这是国会议员们宣誓就职时所承诺的——不论他们是举起右手发誓，或是以口头承诺。宪法人权法案必须要受到政府各部门的支持、保护、捍卫，其中包括国会。国会甚至可以说是最重要的一环。让国会参与，能够确保是与全南非国民对话，也就是让全国一起参与、一起面对相关议题。所以宪法法院的多数意见认为国会应在一年内完成修法，如果国会未完成，誓词中的“或配偶”将被自动写入《婚姻法》的条文。

最后的结果让国会有机会决定“如何”消弭歧视，而非“是否”应该消弭歧视。这样的机会鼓励国会走出议事殿堂，与全国人民就此议题进行对话。而不论是在处理歧视的本质或是法规的修正问题，这份判决书都提供了为数不少的澄清和警示。

当神圣与世俗相遇

这份判决主要的关怀之一是如何确保神圣与世俗可以在同一个公共领域中和平共存。判决书中建议的答案并不是将世俗的公领域和神圣的私领域区分开来。相反的，我们接受宗教是公领域生活的一部分，宗教对数以百万计的人民具有意义，这些信徒在为自由奋斗的过程中各有立场，在同性恋婚姻一事上亦然。该判决明确指出，

《婚姻法》必须完全保障各宗教、信仰、教派依其各自教规所行的婚姻仪式。判决书的任何段落都不会强迫他们以违反自身宗教的形式举行婚礼，各种宗教信仰都受到《婚姻法》及宪法的保障，宗教自由是所有人享有的权利之一。也许各宗教内部有对教义的不同观点和争论，但这是各宗教的自治事项，而非由国家来决定该怎么做。

这份判决强调，宗教事宜要严肃处理，而且人民的信仰应该被视为公领域的一部分，并受到尊重。但是法律也必须承认男、女同性恋配偶具有不可挑战的、不容置疑的权利，可以在国家的支持之下以公开方式庆祝，法律也应该承认他/她们的关系、亲密行为、对彼此的爱和感觉，这些都是他/她们受到宪法保障的人权。而国会所要做的，就只剩下决定并规范形式细节，让同性恋们能享有平等权利。

葡萄园还是墓园的平等？

接下来要处理的问题是如何达到平等的问题？是应该达到墓园里的平等，还是葡萄园里的平等呢？这是我的同事劳瑞·阿克曼（Laurie Ackermann）在之前的同性恋权利案子中，引述一位美国作家的话所提出的观念。消除不平等可以透过“铲除”来达到（进入墓园），也可以透过“升华”来达到（进入葡萄园）。美国的平等保护法很重视确保每个人在类似领域都会受到相同的待遇：从形式上来说，不论是铲除还是升华都符合宪法要求的平等。而这位美国作家想要找到一个原则来判断何时该用铲除法、何时该用升华法以达到平等。最后，他主张终结不平等的方式应该以宪法原则为本，即怎样才是促进宪法原则最好的方式。

在同性恋配偶的问题上，并没有法律明显排除他／她们的权利，也没有法律采取差别待遇，他／她们根本是被遗忘了。因此《婚姻法》并没有明文规定“男、女同性恋不适用本法”。他／她们可以结婚，只是必须和异性结婚！《婚姻法》的问题是“涵盖不足”，也就是做得不够。补救之道难道是废弃整部《婚姻法》吗？你能想象南非宪法法院因为同性恋不能结婚，而宣布整部《婚姻法》无效吗？事实上，“南非法律改革委员会”（South African Law Reform Commission）的确曾经提出过这样的建议，他们建议改成人人适用的“民事结合”（civil unions），而将“婚姻”留给宗教团体。如果你想“结婚”，就到寺庙、清真寺或天主教堂办理结婚，国家不会涉入。国家在这件事的角色仅限于提供民法仪式，庆祝一桩民事结合。虽然这个建议很合逻辑，但支持度却不高。男同性恋、女同性恋伴侣会怎么想？他们只想和“一般人”一样自然的结婚，却发现已经没有“婚姻”这档事了？异性恋者又会怎么想呢？过去婚姻是再自然不过的了，但现在因为这些讨厌的家伙和他们的游说团体，异性恋者连结婚都不能了吗？这是平等，但却不是让人欢喜接受的平等。宪法人权法案要求的尊重是指让每个人都能从枷锁中获得解放，而不是想要让每个人都心怀相同程度的不满。我们必须要强调的是，达到平等的意涵是指身份、机会以及社会上认为重要的事物的平等。所以在这个案子中，我们要的是葡萄园式的平等。大家绝对不希望我们挑选的补救方式引发后续无止境的宪法诉讼。

隔离但平等？

判决中另外提到的一般指导原则，是“隔离但平等”（separate

but equal）[1] 主义。有人建议我们使用英国式的“民事伴侣”（civil partnership）[2] 方式处理此案，因为英国没有用到“婚姻”一词。英国以“民事伴侣”的方式，让同性恋伴侣能够以法定方式处理财产分配、继承、租赁等实际问题。但是我们知道，如此一来也不会影响历史悠久的“婚姻”。“隔离但平等”不仅在美国造成了剧烈而悲痛的历史，在南非也是如此。在1930年代，曾经发生过印度裔的人民抗议在邮局里他们不能在白人排队的柜台排队，当时南非的终审法院——也就是上诉法院——做出了一个荒谬的判决。四位法官中有三位没看出问题：其实不管在哪一个柜台，邮局的服务都是一样的。只有一位法官——牛津大学出身、自认是社会学家、出过权威性刑法教科书的加德纳（Gardiner）法官看出问题，他说：“这些人的尊严受到践踏，这不只是邮局的服务好坏的问题。”

三十年之后，奥利弗·坦博，他当时是曼德拉的法律事务所合伙人，之后又成为非洲人国民大会流亡政府的代理主席，被要求向一位地方法官敬礼，而他所在的位置是专门保留给非欧洲人律师的。但坦博拒绝了，于是审理过程不得不中断。而在下一次审讯中，他的助手戈弗雷·皮特杰（Godfrey Pitje）也拒绝这个要求。（我后来听说坦博当时有地下工作，因此不能冒任何进监牢的风险，所以他的助手同意暂代他。）这位助手被判藐视法庭。这案子最后来到上诉法院，首席大法官认为不论来自律师界的哪一个部分，这位助手都应该向地方法官敬礼，所以维持罚款判决。

殷鉴不远，南非的历史显示隔离其实都是歧视的产物，目的

[1] “隔离但平等”是过去美国种族歧视的一种形式，意指将不同种族在空间上分割开来，为不同种族提供表面上平等的设施或待遇。

[2] 2004年，英国立法通过给予同性恋伴侣几乎所有、但不完全等同于异性恋婚姻的权利。

是排除某些族群。国会必须意识到这点，而非制造另一种名为“平等”，实为“隔离”的制度。

在本案中，各国媒体报道了南非宪法法院赋予同性恋配偶结婚的权利，并给予国会一年的时间来进行必要的修法。这是在我的人生中，照片第二次被登在《纽约时报》上。第一次是汽车炸弹事件后我在伦敦医院复健，全身包着绷带。这回，照片上的我穿着绿色的法袍，我的两旁与后方是我的同事及助理。

国会称职地举办了多场公听会。有许多对同性恋婚姻的强烈攻击，且只有少数人为同性恋婚姻发声。尖锐的恐同症言论都被记录下来，但如果我们的社会有恐同症，公开的讨论总比视而不见、不处理要好。经过一番深思熟虑，“南非教会委员会”（South African Council of Churches）发表一份声明，表示他们透彻地研究了判决书，并赞扬该判决有着所罗门王的智慧，这点特别让我感到高兴，因为我老爸的名字就叫所罗门·萨克斯（Solomon Sachs）。

国会的参与

在任何案件上，我们都给予国会一年的时间进行必要的修法。这是宪法赋予宪法法院的权力：宣布违宪，然后给予一段时间的缓冲以进行必要的修正。我们并不希望如果《婚姻法》在一年之后没有修法，就因违宪而被宣告无效，那将是场灾难。所以我们在判决书中指明，若是国会未能在一年之内完成修法，“或配偶”三个字将自动被写入法条，这也是修正《婚姻法》之歧视的一种方式，可以说是预留退路。就在一年期限即将届满的前几天，国会通过了《民事结合法》（Civil Union Act）。这和英国的《民事伴侣法》

（Civil Partnership Act）有何差异呢？不只是因为它选用了“结合”（union）这个词汇，而且，在同性恋举行婚姻时，新人的誓词可以说“我和你进行民事结合”，或是新人喜欢的话，他／她们可以说“我和你结婚”。《民事结合法》使用了“结婚”（marry）这个词。

国会为了维持合理的弹性设立了一项但书，即在《民事结合法》的规定之下，婚姻官不必被迫为所有婚姻形式证婚。基于自身的宗教信仰、教义，婚姻官若是对同性恋婚姻发自内心地不表赞同，可以申请回避为其证婚。毕竟，被一个不甘不愿的婚姻官证婚可不是一个好的开始。原则上，国家应该采取合理措施，以避免虔诚的宗教信徒在守法或守教规上面临困难的抉择。重要的是，国家应聘请对新宪法价值感到心悦诚服的人，使其可以高高兴兴地，而非满怀怒火地为同性恋配偶证婚。这也许会多花一点时间，但我们找到了这样的婚姻官，他们能够诚恳、庄重地主持同性恋婚姻，使之成为这片土地上的法律的一部分。

最终，我想重申宪法法院应该尽一切可能寻找与整个国家的人民对话的机会。法院判决的目的不是要透过一个二分法的选择，把国人区隔为激进派和反动派、自由派和保守派，更不是要让裂痕更深，造成人民与法院誓不两立。法院应该找到一种与宪法精神契合的对话方式，并让人民发自内心地说：“我对本案结果不是非常满意，但我知道宪法法院这么判的原因。我知道我的意见也被纳入考虑，也许下一次我就是胜诉的一方了。总结来说，我真正感受到在新南非宪法的保障下做一个南非人的意义了。”

终曲，以及终曲的终曲

所以，我以终曲作结，再用另一个终曲为终曲作结。就在新法公布施行之后几周，时序正当 1 月，我正在开车前往开普敦的科斯坦博斯植物园（Kirstenbosch Botanical Gardens）的路上，那是坦伯山（Table Mountain）边的美丽花园，也是我所知道最适合一家大小同乐的地方。我有点迷路，然后我看到一个简单的箭头路标："往艾美和珍的婚礼会场"。我的心怦怦跳，因为这个指标是如此简单、如此一般、如此地稀松平常。珍是南非人，和美籍伴侣艾美同住在华盛顿。她说她是用电话预约场地的，婚礼前几天，她觉得应该告知经理她们要举办的是女同性恋婚礼，电话另一头的女性经理响应："太棒了！你们是第一对，我真高兴你们决定在这里举办婚礼！"

终曲的终曲则是，不久之后，媒体大幅报道查基·艾哈迈德（Zackie Achmat）的婚礼，他是"艾滋病治疗推广运动"的卓越领袖，他的组织致力于改善艾滋病毒携带者的待遇。而他多年的伴侣则恰巧是来自自由邦郊区、一个说南非荷兰语的白人家庭。这时已经是大法官的爱德温·卡梅隆教授被安排为一日婚姻官，来主持这场婚礼。每个人都想收到这场名人婚礼的邀请函。查基和他的伴侣告诉爱德温大法官，他们不想用"婚姻"这个字眼，那太不同志了！爱德温大法官努力说服他们——是人们努力奋斗才争取到婚姻权，这是身份、尊严的象征，这不是冷冰冰的"结合"、"伴侣"等词汇所能取代的。所以最后查基说："我和你结婚"，他的伴侣也说："我和你结婚"。接下来就是社交场合啦，大家讨论穿着、食物，有些人上台致词。但其中最令人印象深刻的是，查基伴侣的家庭——

来自我国最保守地区的家人——上台致辞时说，如果他们过世的父亲今天也在场，一定会深深以儿子为荣。

[判例]

芙莉案——同性恋婚姻合法化

以下摘录自我所撰写的判决书，该判决仅有一位大法官持不同意见。

萨克斯大法官：

差异与平等

平等的意义在于即使有差异，但彼此之间仍有平等的关怀和尊重。平等并不预设要消除或是打压差异。尊重基本人权必须从对我们自身的肯定做起，而非否定。所以，平等并非暗示人人的同等化或均质化，它并非指某种形式较为优越，而另一种形式则应受到贬抑，平等乃是承认并接受彼此之间的差异。或者，至少要知道差异不应导致排他、边缘化或标签化。终极的平等则是人人可以享受到人与人之间的差异为这个社会带来的活力。这个议题大大超出了过去对异性恋的排他性的假设，而这正是目前争议的源头。然而，像在南非这样的国家，承认并接受差异特别重要——在过去几个世纪以来，基于肤色这样的生理特征，我们被划分为优势族群和劣势族群。南非的国民形形色色，因此宪法了解到人类（生理、社会和文化）的多样性，了解保持差异性的权利，并拥抱这个国家的多元性。因此本案的问题不只是消除某个族群过去受到的不公平待遇，而是更迫切需要了解我们的社会是奠基于包容和互相尊重。要测试宽容度，不是找那些原本就与我们相处融洽的人、事、物，而是得和自己所不喜欢的人、事、物进行沟通与和解。

古老的偏见

长久以来的社会偏见与因循守旧的结果是，同性恋配偶无法享受婚姻的好处和责任，但是，这不只是像必将蒸发的晨露一般的小小不便，这代表着法律偷偷摸摸地、残酷地把同性恋视为外来的他者（outsiders），并认为他／她们的亲密关系不像异性恋一样，需要受到肯定和保护。雪上加霜的是，同性恋被当成生物学上的异类，是犯错或误入歧途的人类，和我们的社会格格不入，所以他们不适用我国宪法上对每个人都有受到关怀和尊重之权利的保障。这无异于暗示他／她们对爱、对承诺、对承担责任的能力劣于异性恋配偶。

其结果就是，既然婚姻及其相关的社会关系在我们的文化中具有相当的重要性，否定同性恋婚姻，等于是以一种最彻底的方式否定他／她们定义、展现自我的权利。

这种古老的偏见没有理由继续存在。奴隶制度在这个国家持续了一个半世纪，殖民主义长达三世纪，禁止不同种族的通婚甚至更久，赤裸裸的男性霸权则几乎有一千年那么长。前述这些原则都是因为明显的生物和社会因素，并被宗教戒律或国家法律支持。奴隶制度和殖民主义现在被完全地摒弃，禁止异族通婚则受到不同程度的否定、羞辱或唾弃。类似的，如果今日的法律仍然继续拥护传统的主流意见，那歧视就难以消除。正是那些不能得到大多数人认同，或是无法在国会获得足够代表的族群，必须由宪法人权法案来确认、保障他们的基本人权。

宗教的社会意义

在一个开放、民主的宪政社会中，虽然没有信仰和少数信仰的信徒的权利应该受到完全尊重，但在处理关于绝大多数南非人的信仰时，还是要特别谨慎。例如在基督徒教育案（*Christian Education*）中，本宪法法院曾指出，对个人良知不可侵犯性的保护只是宗教自由原则的一部分。对许多信徒来说，他们和神（或是造物者）的关系凌驾于一切，这涉及他们和自己、和社会、和世界以有意义的方式互动的能力。对于数以百万计各行各业的人而言，宗教提供了个人和社会稳定及成长的架构，并给予他们支持与滋养。宗教信仰能够唤醒自我价值和人性尊严的概念，而这也是人权的基石。这些信仰影响了信仰者的社会观和道德观。信仰的表达呈现在确立与维护习以为常的传统，其悠久的特色时常超越时代和国界。对信徒而言，面临挑战的不只是便利或舒服的问题，而是他们一直秉持的一个概念——什么是好的、什么是正确的生活方式，以及他们在宇宙中的地位。

宗教团体透过学校、医院和贫困救助计划等发挥影响力，在公众生活中扮演一个巨大且重要的角色。他们透过信徒的见证来推广善良行为，并透过国家和私人团体壮大自己；他们提倡音乐、艺术和戏剧，提供小区活动的场所，并为信徒和一般社会大众举办许多小区活动。宗教团体是公众生活的一部分，同时也是我们这个奉行宪法至上的多元国家里的活跃分子。宗教不只是对信仰或教义的问答。它是许多人的习性和文化，对于许多信徒来说，更是他们的生活方式。宗教组织在国家层面的生活中也扮演重要角色，因此，他们有权针对重大议题，对政府和法院表达看法。在公共事务中，宗教组织是活跃分子，也绝对够格对立法和执法表达意见。

进一步来说，虽然在所有有关同性恋权利的争论当中，宗教性力量有时展现出一种不宽容，且宗教在这个国家常被用来将最不可饶恕的种族歧视合理化，然而，如果我们因此认为所有基于宗教因素的反同性恋主张都像种族主义一样不值一提，那将是错误且没有帮助的。如同劳瑞·阿克曼大法官在鸡奸案中所言：

> 这个案子牵涉到深层的信念，也引发我们的强烈情绪。我们不应该认为结婚要被限制在一男一女的组合，并以繁衍后代作为婚姻主要甚至唯一的目的，只有冥顽不灵又食古不化的人才会这么认为。相对的，在审慎考虑宗教和其他因素后，不想表达其性倾向者，其法律上的权利也不应被剥夺。

但我必须强调他所提到的限制：

> 但是我也必须指出：这些观点——不管多么诚实和诚恳——都不会影响到宪法对于性倾向歧视的谴责。

当神圣与世俗相遇

宪法法院了解到宗教在公众生活中扮演的重要角色是一回事，但用宗教教义来阐释宪法，则是另一回事。如果用宗教教义来导出宪法权利，这是相当不合理的。若是教友和神职人员有同性恋倾向，各宗教之间（甚至各宗教内部）的观点和反应常有巨大的不同。法官若是被要求解释教义、被迫在可能导致分裂的教义之间选边站，那将会使他们处于一个无法忍受的窘境。

史密斯先生诚心地抄录了《旧约》和《新约》的圣经句子来强

化他的论述，亦即，如果“婚姻”的定义改变，也将造成对那些将婚姻视为上帝认可的异性结合，或是将婚姻誓言视为神圣的人的歧视。但在法律分析之下，我们对他的感激并不意味着他引用的经典可以被当做法源。不论这些圣经内容是否强化了他的论述，都不是宪法法院所关切的。从宪政的观点来看，重要的是宪法法院能确保史密斯先生视其婚姻为神圣的权利，确保各宗教能以各自的仪式举行婚礼，确保史密斯先生在公众场合和宪法法院都能以合宜的方式自由表达他的意见。除此，就不是宪法法院被期待的角色和功能了。

在一个奉行宪法至上的开放民主社会，神圣与世俗之间应该要能相互尊重、共存共荣。宪法法院的功能便是确认上帝的归上帝、恺撒的归恺撒。只要各方都没有对任何人、任何族群的偏见，法律就会确认争议议题的多元意见都能得到表达。我要强调，前提是对基本权利没有偏见。主流意见对于持少数意见的人常常十分残酷。这正是宪法和法律必须介入导正、而非强化歧视的时机。不论是对多数或少数立场，检视的标准都必须包含其是否彰显或伤害了人性尊严、平等、自由等原则。

开放民主社会的特色乃是能以合理、公平的方式来调适、处理成员之间的不同意见和生活方式。宪法的目标是让抱持不同价值观念的人能和平共处，而且不是只有在表面上看上去政府让大家得以平等的关怀和尊重的方式相处，内心却想着互相毁灭。

共存的需要和对多元信仰的尊重，事实上明确规定在《婚姻法》之中。该法允许宗教领袖被任命为婚姻官，宗教建筑可以被用来当做举行婚礼的场所，依循各自的教义举行宗教婚姻仪式。这样的结婚仪式不仅是被允许的，还受到国家的承认，并产生法律效力，且其效力和由地方行政官或婚姻官证婚的民事婚姻效力相同。若由神职人员主持婚姻仪式，其中的国家利益也会受到保障，因为家庭事务部已授权相关的宗教部门，也已认可这种婚姻方式。

没有任何神职人员会被强迫去主持一个其教义不认可的同性恋婚姻。国家对宗教的保护，使其不至于直接或间接地被迫去主持其教义不认可的婚姻。

依据以上定义，我们可以很清楚地知道：《婚姻法》赋予同性恋配偶与异性恋配偶相同的婚姻地位、权利和责任，并不会与宗教自由权利（尤其是反对同性恋婚姻的宗教组织之宗教自由）产生冲突。宪法对同性恋婚姻的保护并不导致它对宗教自由的否定。这两种利益并不冲突，在容纳多元性的宪法架构之下，它们是共存的。

国会的角色

就像是《婚姻法》对同性恋配偶没有平等的保护，因此导致他们遭受歧视，就某种程度而言，其实普通法定义下的婚姻也没有满足宪法的要求。因此判决必须宣告普通法定义下的婚姻抵触宪法而无效，因为其未能提供同性恋婚姻与异性恋婚姻相同的地位和责任伴随而来的好处。接下来的问题是，在如此判决之后，宪法法院是否应自己创造普通法来弥补其不足的部分？

（该判决指出，在《婚姻法》中加入“或配偶”的新定义，将自动取代普通法原本对“婚姻”的定义。）也就是说，既然宪法要求对同性恋婚姻和异性恋婚姻必须有相同的关怀、尊重，那么《婚姻法》自然必须符合这个原则。因此，同性结合的正式登记将自动产生异性恋婚姻所具有的普通法效力和法律效力……

现在的问题是，宪法法院是应该提出满足原告和“平等计划”（Equality Project）主张的立即补救措施，还是应该订出失效期，让国会有机会来弥补立法的疏失？在考虑所有因素之后，我们必须决定什么是公正、公平的……

事关身份的问题，需要有一个妥善稳当的补救措施。要找到这个稳当的补救措施，首先必须对这个长期承受艰苦压迫的社会，以及其中有待解放的群体有深入的研究。本案的状况需要能够符合长远需求的周详立法，宪法法院一个暂时性的措施将难以达到宪法所承诺的平等，经由国会修法才是可长可久之道。

在我看来，芙莉案中原告所主张的婚姻权，其实是更大的期许的一小部分——她们希望能公开、自由地做女同性恋，不再被法律贴上标签，让她们能融入长久被排除在外的主流社会。庆祝她们结合的意义当然远大于进入法律关系的意义，虽然后者可能也很重要——会有众多宾客参与共欢，也有后续事宜。这代表着走向平等和尊严的重要里程碑。由国家机构对她们结合的认可度越大、越确定，就代表越稳固，而且其他此类的结合也将不再被法律遗忘，最终，此类的结合也将变得稀松平常，而且经得起时间考验。

这问题在公、私领域都是很敏感的。我相信国会有办法从冰冷的法条当中为同性恋配偶找到恰当的位置。法律也许不能自动消除人们的刻板印象和偏见，但法律可以是一个很棒的老师，建立社会规范，并让这些规范自然地进入我们的日常生活中，保护弱势不受胁迫、虐待或边缘化。不只司法权有责任实现宪法人权法案中的权利，立法权亦责无旁贷。其原则性的功能之一便是确保宪法概论和第一条[1]中所列的价值。

[1] 南非宪法第一条共四项，明列出立国的基本价值，其中包括尊重人性尊严、平等、人权、法治、成年人普选权等等，其中第二项则是禁止种族主义与性别主义。

本判决书宣告现行的法律未能平等地对待原告，并借此恢复原告该享有的权利。而同时，我认为在满足这些平等权时，也应该谨守权力分立的原则，并让国会能够弥补现行疏失。在这方面我们必须知道，立法部门有许多合法的方式可供选择，以补足现行法律的缺失……

考虑到公众的高度关切、本案所牵涉的强烈敏感议题和建立这个领域平等标杆的重要性，应该由立法权来决定最佳的补正方式。我们有一个明确无误的坚持——目前的普通法和《婚姻法》排除同性恋婚姻享有与异性恋婚姻相同的地位、权利、责任，是抵触宪法的。这个缺漏必须补正，以确保同性恋配偶不至于被直接、间接地边缘化或被法律排除在外……

在思考如何立法时，国会议员必须铭记在心的是，新措施的目标必须提升人性尊严、促成平等，并增进人类的权利与自由。也就是说，在去除普通法和《婚姻法》“涵盖不足”的婚姻定义后，如果新的补救措施不是为大家带来同等的权利的扩充，而是同等的权利的损失，那也是不可以的。因此，如果因为同性恋配偶不能享有婚姻的地位、权利和责任，便让异性恋配偶也适用相同的规定，这不会达到平等。降低标准、让所有人都不适用普通法的婚姻，这种“铲除”法不会有正面效果。以等量的排除取代等量的接纳只会带来等量的不满，而非创造平等。法律关切的是所有家庭的组成和婚姻都值得被热烈支持，而不是被平等地边缘化，这就是所谓葡萄园的平等，而非墓园的平等……

我们所选的法律补偿方式必须是宽厚且有包容性的，接受同性恋婚姻有如异性恋婚姻，且在有形无形的方面都不应该有差异。

停止对同性恋配偶的排挤

本案的核心是希望能终结——或至少减少——法律长久以来对同性恋配偶的孤立。正因为婚姻在我们的社会扮演如此重要的角色，更显得普通法和《婚姻法》把同性恋配偶排除在外会造成极大的伤害，所以建立新典范的基石更须谨慎、小心。让国会在本判决的框架下放手去做是适当的，同时也是让立法权在宪法架构下得以发挥功能……

（判决指出，若是国会无法在一年内提出适当的补救措施，“或配偶”一词将自动加入《婚姻法》，并使同性恋配偶可以合法结婚。）

“或配偶”的措辞有简单明了的优点，而且也是对法条原文变动最小的调整方式。宪法的价值可以得到守护，现行的婚姻机制也不会改变，对国家的财政负担也是最小的。长久以来以法律保护和强化家庭生活的政策，也会维持和延续下去，而负面的刻板印象则将会消弭。宗教团体依据教义主持婚姻的权力不会受到影响，如果宗教团体坚持的话，也可以继续只承认异性恋婚姻。国家可以贯彻合理包容的原则，确保有虔诚信仰的民事婚姻官得以拒绝主持同性恋婚姻，而不必在违反其意愿的方式下被迫履行职务。

欧瑞冈大法官同意判决书主文，但在如何补救法条疏失的问题上写了一份简短的不同意见书。在她看来，宪法法院本身应该改变普通法定义的婚姻，并立即在《婚姻法》中加入性别中立的词汇“或配偶”，而不是将其送交国会，再多等一年。

欧瑞冈大法官：

宪法法院被赋予守护宪法的权力和责任，法院不应从这个角色上退缩。宪法法院下达的命令的正当性并非来自这个机关本身，而是因为它让宪法条文产生效力。有时，我们之中有些人不愿意看到宪法权利被守护，但这绝不是宪法法院应停止捍卫这些权利的理由。

第十章

开始与结束

> 若法律是一部机器，那我们就是赋予这机器生命的灵魂。良知良能是我们的领航员。

就法官这职务而言，从开始到结束都与文字有关。我们宣判，我们的工作就是处理文字，并成为我们的时代最具影响力的说书人。我们如何说故事常常与如何讲道理同等重要。我们的声音不能是不带个性的神谕，凭着纯粹超然的智慧下达解决人世纷扰的指令。我们更不能模仿计算机冰冷僵硬的声音，拘泥于人工程序做不知变通的判决。我们是活生生的人，我们要细腻地了解案情之后，发出感同身受的响应。若法律是一部机器，那我们就是赋予这机器生命的灵魂。良知良能是我们的领航员，而那良知不仅得益于我们的学习、我们的生命体验，也受法律理论与实务的启迪。而且，我们会生活在被我们的判决改变的世界中。事实上，担任法官并参与法庭工作本身就是富饶而缤纷的生命经验。

我们发现合议庭的力量远大于个别法官的加总。它有自己独立的生命、独立的动能与独立的文化。我们乐在其中。历来累积的判决是司法功能的核心，它们彼此是相辅相成的，且我们不会假装不以我们的判决为荣。我们不但引以为傲，而且愿意以一种兢兢业业、戒慎恐惧的态度，自诩为全世界所有愿意以理性思辨取代暴力与金钱的人的榜样。正如同我在文中再三阐述的，判决工作并非只是纯粹的理性推论。完备的逻辑虽然是思考的一部分，但不是全部。精辟且令人信服的法律推论必然来自经验，而且将从它与真实生命的汇流之中取得源源不绝的生命力。

心理学家、社会学家、政治学家可能会对法官的某些判决提出各自的解释。然而，对法官的行为做出解释是一回事，亲自动脑筋判案又是另一回事。

我在念书的时候经常莫名其妙地遭到鞭打，被关时也常听到被鞭打的青少年的哭声，因此我对体罚印象很差。这或许可以解释为什么我对体罚议题很敏感。但这些早年的生活经历并不会完全主宰我对“基督徒教育学校案”的判决。虽然一般学校禁止体罚，但在该案件中，他们主张在特定学校使用体罚矫正偏差行为是他们宗教教义的一部分。我不认为学校的体罚可以淬炼出学生坚强的心智。但是，我在学校时的另外一个经历又告诉我，一个人不去假装接受他不相信的信仰的权利，是必须被尊重的。对宗教自由的尊重平衡了我对体罚的反感。

等到我开始做法官，上述经验的能量被其他种种的经验给转化了，并交织进我在人生各阶段的反省之中，形成了我复杂且仍在递嬗演变的法律观。法律观念令人又爱又恨的地方，就是它一方面是完全抽象的，一方面又完全与现实生活息息相关。所以在穿过重重险阻障碍，最终要动笔写判决书时，我觉得我不该用自身的经验来解释这个判决，而是得建构在相关的宪法价值之上。这些价值乃是凝聚过去千百年来千万人的经验而成的。这些价值能够调和布伦南大法官所说的“法律的热情”以及所有法律的规范特性。仅是就诸如身体权与良心自由权之间的矛盾写出一篇深刻的哲学分析，还不足以做出一个好判决。一个好判决必须是在对以上问题有了透彻理解之后，在具体争议当中，对这两种权利做出平衡的取舍。而我会让所有的读者，特别是诉讼当事人，知道我做出这样的判决的原因，尤其是我为什么会做出这样的权衡。相关的哲学问题我已经写在第四章的“宗教豁免于一般性法律”一案中，不再赘述。该判决牵涉到认定什么是合理的体罚的一般性法律，而结论是基督徒教育团体可以在家里采取符合于他们的信仰的体罚，但不可以在学校这样的公开场合这么做。我会希望，尽管有的人在听到判决时会感到失望，但他们也能知道法院确实有认真严肃地对待他们的信仰，而且希望他们与每一个读到判决的人都会清清楚楚地知道，每一个关键因素分别被赋予了多少的权重。

回顾过去担任法官的岁月，我深信生命经验已经以各式各样的方式融入了我的法律良知之中，有时候是很明显的，有时候则比较匪夷所思。它们一方面改变了我服务的宪法法院文化，一方面也被宪法法院文化改变了。我唯一能肯定说的是，我们的责任并非只是以形式化的法律推理来解决问题，当然也不只是用被法律术语包装起来的个人偏好来解决问题。法官的职责在于找出问题所在、衡量所有相关因素，以期达到符合比例原则的结果，且这样的结果必须考虑到实务上的前因后果以及相关的宪法价值，并需与公众分享获得这个结论的思考过程。简单讲，这就是判决的真谛。

跋与致谢

我七十三岁了，在休假担任福特基金会（Ford Foundation）驻点学者期间撰写的这本书也接近了尾声，但是，我发现我突然变成反革命分子了。怎么会这样呢？因为我是宪法法院的一分子。根据一位非洲人国民大会资深官员的说法，宪法法院是想要阻止非洲人国民大会党主席雅各布·祖马成为南非总统的反革命团体之一。令人欣慰的是，几周之后，为了回应反对声浪，该资深官员表示那段话是被断章取义的，非洲人国民大会重申其对宪法和司法独立的支持。所以，我撰写这篇跋的时候知道，在我生命中至少有几个月，我不是个反革命分子。

与此同时，古特邦太太过世了，她这一生从没能搬到砖造的房子里。政府在她死后赞扬她的所作所为堪称是无家可归者的斗士，更有无数的报纸社论向她致敬。但在另一方面，她的家人始终未能被安置在合理的居住环境里。这正反映出要实现我国宪法中的社会经济权利是多么地不容易。

担任大法官难免有痛苦和不安的时刻，在这些时候我总会提醒自己奥利弗·坦博是如何保持冷静与沉着的。我们的孩子也是以他的名字来命名的。但总的来说，我的法官人生是精彩、快乐、有建设性的。写书时，我曾希望我能分享我和同事们在会议室的精彩辩论内容，更渴望能描述判决出来之前经历过的多次改变。然而我不能违背在宪法法院工作所要求的保密原则。为了充分将过程中的反复交锋呈现出来，我唯一能做的是大量地摘录我所撰写的判决书内容。如此我才能分享我心中的“答”与“滴”又不至于违反保密义务。

然而即使已经如此小心翼翼，我仍然感到紧张，担心自己是否触犯了什么不成文的法律界禁忌呢？为了谨慎起见，我先把书稿寄给几位法官同事。出乎我意料（也掺杂着得意的心情），大家都对拙作表达了欣赏甚至赞叹之意。

曾经和我在宪法法院共事多年的理查德·戈德斯通（Richard Goldstone）大法官读完书稿马上告知我，他认为书中没有逾矩之处。这真是让我大大松了一口气。紧接着我也收到澳洲的托尼·诺斯（Tony North）、加拿大的罗莎莉·阿贝拉（Rosalie Abella）和克莱尔·何瑞·杜贝（Clare L’Heureux Dubé）、荷兰的威廉敏娜·托马森（Wilhelmina Thomassen）等多位大法官充满支持的评价。不久之后，我将书稿寄给几位曾共进午餐的美国最高法院大法官。斯卡利亚在他迅速且亲切的回信中，赞同我正确地表达了他的观点（也正好和我的观点截然不同），不过对于我描述他在法庭上十分严厉，但私底下非常和蔼可亲这段略有微词。鲁思·金斯伯格大法官则是花了数小时精读，并给我精辟且极有帮助的批评，她同时也推荐我参考一本书及一篇近期《纽约客》杂志里的文章，两者都显示各行各业的人都有着和我在沐浴时灵光乍现高度类似的经验。（一位当心理治疗医师的朋友告诉我三个“发现”经常迸出的地点：卧室、浴室、巴士。）

写作是孤独、艰辛而劳累的。当一个人发自内心地担起责任，感激之心会特别强烈。伦敦大学亚非学院的萨拉·希宾（Sarah Hibbin）不但马上联络牛津大学出版社，也把书稿寄给几位我认识的英国法官。有些法官也许觉得不要回信比较好，但我收到的几封回信内容都对此书极为支持。特别是首席大法官哈里·伍尔夫（Harry Woolf）、汤姆·宾汉大法官、罗伯特·沃克大法官给我最多的鼓励；与斯蒂芬·赛德利（Stephen Sedley）法官的讨论也极为有趣，他的疑问在于将一个人的判决放在法律著作中的适当性，但愿我成功地说服了这位极有格调的法学家：这取决于该书的性质；还有布伦达·黑尔（Brenda Hale）大法官，她实在不需要如此考虑周详地说服我别用“我写过的每则判决都是谎言”这么强烈的措辞。

许多法学家也给了我宝贵的意见。布鲁克林法学院的厄休拉·本特尔（Ursula Bentele）在每一版的每一个章节都给予我巨细靡遗的帮助，她不只在我最不确定的时候给我信心，也使我免于将“我已有的困惑都变得更加混淆”这句弥尔顿的名言误植为莎士比亚所说。接下来我要感谢的是两位逐章精读、对本书做出极大贡献的人。一位是来自牛津大学出版社的审稿人，显然是位学者，但没有公布姓名——我必须说我要与无名氏合作了。所以首先，让我感谢纽约大学的斯蒂芬·舒尔霍弗（Stephen Schulhofer），这位朋友以最真诚、专注的态度对本书的内容和风格都给出了修改建议。接着是我对无名氏的感谢。从无名氏的评论风格和其所使用的措辞中，我很难想象无名氏是怎样的一个人，但他或她的的确确抓住了我内心的想法并给了我最生动、最有帮助的建议。以上种种都已融入并丰富了本书的内容。

还有一些帮助是我意料之外的收获。例如，阿尔斯特大学授予我荣誉学位，而我致赠为我做致辞的克里斯汀·贝尔（Christine Bell）一份书稿，意外地使她成了第一位把拙作当教材的教授，她和学生的互动也促使我增加了人性尊严和比例原则部分的篇幅。芝加哥大学的约翰·科马洛夫（John Comaroff）则对论证的结构提供了宝贵的意见，有些比较激进的部分可能要等有机会再专书论述。智利大学的何塞·萨拉奎（Jose Zalaquet）请我赞助他编辑的一本人权字典，我不但照办还加赠书稿。他在我们设立真和会的时候给予了我们许多建议，也因此，他对《他的名字叫亨利》一章的评论别具意义。莫斯科大学的奥尔加·卡佐瓦（Olga Khazova）则拿她的宝贝儿子试验，据她说小家伙的反应很不错呢。而她为本书所建立的优雅架构，我必须要说，的确让这本书变得更亲近读者了。

还有许许多多不同国家的法律同行提供了他们宝贵的意见。例如先前在巴黎的法国宪法委员会服务的多米尼克·雷米-格朗热（Dominique Remy-Granger）细读书稿，并告诉我最早将社会经济权利以法律明定的，不是我以为的俾斯麦首相时期的普鲁士（德国前身），而是 1848 年革命之后的法国。接着，在把《恐怖主义和刑讯的故事》书稿分送给到布宜诺斯艾利斯参加国际律师协会会议的各国代表之后，东道国代表之一的埃米利奥·卡德纳斯（Emilio Cardenas）要求浏览全书书稿。他不但给了我许多洞见，更表示愿意将此书翻译为西班牙文。卡罗尔·斯坦伯格（Carol Steinberg）则从约翰内斯堡寄给我对本书帮助最大的评论。而为了增加地区的多元性，不时会寄电子邮件给我的好朋友路易丝·斯塔克（Louise

Stack）从一间英国的寺院寄出她对书稿敏锐的观察意见。

还有两位在纽约的人士以她们自己可能都没意识到的方式鼓励了我。首先是曾经帮我一位朋友编辑书的德迪·费尔曼（Dedi Felman）。她在我刚动笔撰写本书的时候明确告诉我，要找一间愿意出版外国作家的法学专书的美国出版社是很困难的。她的真心话启发了我，我总要找个方式来宣传这本书啊。我想，这本书的规模绝不只是讲述我这个南非法官的个人感想而已，毕竟过去我在世界各地演讲的反应都不错啊！费尔曼的真心话促使我去思考举世接受的法官思考模式和司法体系运作方式。当我在思考这个问题的时候，"奇幻炼金术"（"strange alchemy"）这个词不断跑进我脑中。就这样，一本新书诞生了。

另一双援手则来自一位保姆，瓦内萨·西普坦博（Vanessa September）。有天傍晚当我们两人沉浸在《南太平洋》（*South Pacific*）的配乐时，她说她看到放在书桌上的书稿，忍不住读下去，但只看到一半，为此她感到非常抱歉。我们同居了很长一段时间，现在她已经成为我最美丽贤惠的太太了。

最后要感谢的是我在纽约的助理玛佳丽·约翰逊（Majorie Johnson），以及在约翰内斯堡的法官助理吉姆·威廉姆斯（Kim Williams）、克莱尔·巴拉德（Clare Ballard）、伊曼纽尔·格卢夫（Emmanual de Groof）。她们都花费了无以计数的时间，不辞辛劳地协助我进行无止尽的校对和修正；在此我要再次表达最诚挚的感谢。同时，我郑重宣布，"炼金术"已经完成了，真的"完成"了，不会再有新的修改版了！

当我忙着撰写最后这段话时，书稿已经在亚历克斯·弗拉奇（Alex Flach）的耐心和贝森·库辛（Bethan Cousins）的细心下炼成一本书了。对于所有前述致谢的人士，我最后还有些话要说。虽然我无法避免你们出现任何错误——因为我不知道那会是些什么样的错误，但我可以很诚挚地说出我有多么感谢你们的共事和协助。在2009年10月12日午夜，我在宪法法院十五年的任期就要届满了。无论这本书将来的境遇如何，无论我曾经服务的宪法法院未来命运如何，各位都协助我找到向这伟大奇迹致敬的方式。在这片被许多人视为世界上最不可能孕育宪法正义的土地上，人性尊严、平等、自由等最先进的思想落地生根了，而且我衷心地希望，它在将来可以继续开枝散叶。